ⓦ 완자

공부력

Ⓠ **왜 공부력을**

쓰기력

정확한 의사소통의 기본기이며 논리의 바탕

연필을 잡고 종이에 쓰는 것을 괴로워한다!
맞춤법을 몰라 정확한 쓰기를 못한다!
말은 잘하지만 조리 있게 쓰는 것이 어렵다!
그래서 글쓰기의 기본 규칙을 정확히 알고
써야 공부 능력이 향상됩니다.

어휘력

교과 내용 이해와 독해력의 기본 바탕

어휘를 몰라서 수학 문제를 못 푼다!
어휘를 몰라서 사회, 과학 내용 이해가 안 된다!
어휘를 몰라서 수업 내용을 따라가기 어렵다!
그래서 교과 내용 이해의 기본 바탕을
다지기 위해 어휘 학습을 해야 합니다.

독해력

모든 교과 실력 향상의 기본 바탕

글을 읽었지만 무슨 내용인지 모른다!
글을 읽고 이해하는 데 시간이 오래 걸린다!
읽어서 이해하는 공부 방식을 거부하려고 한다!
그래서 통합적 사고력의 바탕인 독해 공부로
교과 실력 향상의 기본기를 닦아야 합니다.

계산력

초등 수학의 핵심이자 기본 바탕

계산 과정의 실수가 잦다!
계산을 하긴 하는데 시간이 오래 걸린다!
계산은 하는데 계산 개념을 정확히 모른다!
그래서 계산 개념을 익히고 속도와 정확성을
높이기 위한 훈련을 통해 계산력을 키워야 합니다.

세상이 변해도
배움의 즐거움은
변함없도록

시대는 빠르게 변해도
배움의 즐거움은
변함없어야 하기에

어제의 비상은
남다른 교재부터
결이 다른 콘텐츠
전에 없던 교육 플랫폼까지

변함없는 혁신으로
교육 문화 환경의 새로운 전형을
실현해왔습니다.

비상은 오늘, 다시 한번
새로운 교육 문화 환경을 실현하기 위한
또 하나의 혁신을 시작합니다.

오늘의 내가 어제의 나를 초월하고
오늘의 교육이 어제의 교육을 초월하여
배움의 즐거움을 지속하는 혁신,

바로, 메타인지학습을.

상상을 실현하는 교육 문화 기업 비상

메타인지학습

초월을 뜻하는 meta와 생각을 뜻하는 인지가 결합된 메타인지는
자신이 알고 모르는 것을 스스로 구분하고 학습계획을 세우도록 하는
궁극의 학습 능력입니다. 비상의 메타인지학습은 메타인지를 키워주어
공부를 100% 내 것으로 만들도록 합니다.

완자

공부력

초등 전과목
어휘 3B

초등 전과목 어휘

3-4학년군 구성

-3A, 3B, 4A, 4B-

✓ 문학
남다르다 | 일생 | 후세 | 실재
4개 어휘 수록

✓ 문법
밤사이 | 독창적 | 유추 | 유입 | 대체 등
16개 어휘 수록

국어 교과서

✓ 읽기
요약 | 전달 | 설득 | 판단 | 중시 등
20개 어휘 수록

✓ 말하기, 쓰기
구분 | 근거 | 주장 | 전개 | 견문 등
20개 어휘 수록

✓ 사회·문화, 생활
특색 | 계승 | 공유 | 차별 | 유출 등
52개 어휘 수록

✓ 법, 경제, 정치
교환 | 경쟁 | 다수결 | 지급 | 자율 등
24개 어휘 수록

사회 교과서

✓ 지역, 지리
사계절 | 편의 | 수확 | 밀집 | 재난 등
20개 어휘 수록

✓ 역사
변방 | 숭배 | 집대성 | 순국 | 대항 등
20개 어휘 수록

3~4학년 교과서에 나오는 필수 어휘를
과목별 주제에 따라 배우며 실력을 키워요!

수학 교과서

✔ 연산, 수
기간 | 원인 | 밀접 | 오차 | 배분 등
24개 어휘 수록

✔ 도형
구조 | 막대하다 | 무작위 | 자재 | 견고하다 등
12개 어휘 수록

✔ 그래프, 규칙
제외 | 배열 | 중복 | 섭렵 | 나선 등
12개 어휘 수록

과학 교과서

✔ 생물, 몸
번식 | 척박하다 | 서식지 | 예방 | 면역력 등
36개 어휘 수록

✔ 대기, 지구, 우주
지름 | 증발 | 수평 | 남용 | 분출 등
36개 어휘 수록

✔ 물질, 빛, 열
보관 | 탄력 | 접촉 | 원료 | 직진 등
16개 어휘 수록

✔ 기술, 전기
추리 | 타당하다 | 감전 | 낭비 | 점검 등
8개 어휘 수록

특징과 활용법

✳ 그림과 한자로
교과서 필수 어휘를
배우고 문제를 풀며
확장하여 익혀요.

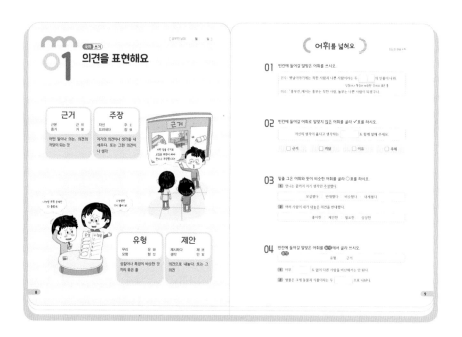

✳ 필수 어휘와 연관된
관용 표현과
문법을 배우고,
교과서 관련 글을
읽으며 어휘력을
키워요.

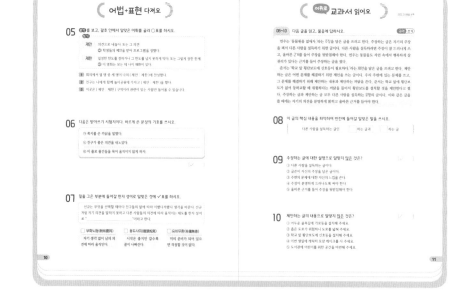

✔ 책으로 하루 4쪽씩 공부하며, 초등 어휘력을 키워요!

✔ 모바일앱으로 공부한 내용을 복습하고 몬스터를 잡아요!

공부한 내용 **확인하기**

모바일앱으로 복습하기

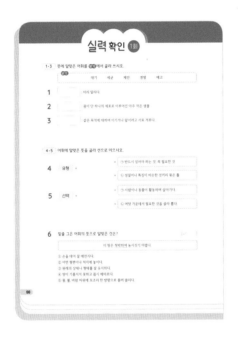

앱 다운받기 　　　　책 인증하기

✳ 20일 동안 배운 어휘를 문제로 💡
풀어 보며 자기의 실력을 확인해요.

✳ 그날 배운 내용을 바로바로,
또는 주말에 모아서 복습하고,
다이아몬드 획득까지! 💎
공부가 저절로 즐거워져요!

차례

우리도 하루 4쪽 공부 습관!
스스로 공부하는 힘을
키워 볼까요?

큰 습관이
지금은 그 친구를 이끌고 있어요.
매일매일의 좋은 습관은 우리를 좋은
곳으로 이끌어 줄 거예요.

한 친구가
작은 습관을 만들었어요.

매일매일의 시간이 흘러
작은 습관은 큰 습관이 되었어요.

국어 쓰기

01 의견을 표현해요

근거

| 근본 | 근 根 |
| 증거 | 거 據 |

어떤 일이나 의논, 의견의 까닭이 되는 것

주장

| 자신 | 주 主 |
| 드러내다 | 장 張 |

자기의 의견이나 생각을 내세우다. 또는 그런 의견이나 생각

이런 점을 근거로 교실을 깨끗이 써야 한다고 주장합니다!

나눗셈 유형 문제만 다 틀렸네.

나눗셈만 다시 풀어 봐.

유형

| 무리 | 유 類 |
| 모형 | 형 型 |

성질이나 특징이 비슷한 것끼리 묶은 틀

제안

| 제시하다 | 제 提 |
| 생각 | 안 案 |

의견으로 내놓다. 또는 그 의견

8

01 빈칸에 들어갈 알맞은 어휘를 쓰시오.

> 은수: 옛날이야기에는 착한 사람과 나쁜 사람이라는 두 ☐☐의 인물이 나와.
>
> 성질이나 특징이 비슷한 것끼리 묶은 틀
>
> 미소: 「흥부전」에서는 흥부는 착한 사람, 놀부는 나쁜 사람이 되겠구나.

02 빈칸에 들어갈 어휘로 알맞지 <u>않은</u> 어휘를 골라 ✔표를 하시오.

> 자신의 생각이 옳다고 생각하는 ☐☐☐도 함께 말해 주세요.

☐ 근거   ☐ 까닭   ☐ 이유   ☐ 주제

03 밑줄 그은 어휘와 뜻이 비슷한 어휘를 골라 ◯표를 하시오.

1 언니는 끝까지 자기 생각만 <u>주장했다</u>.

> 보살폈다 │ 반대했다 │ 비슷했다 │ 내세웠다

2 여러 사람이 내가 <u>내놓은</u> 의견을 반대했다.

> 좋아한 │ 제안한 │ 필요한 │ 상상한

04 빈칸에 들어갈 알맞은 어휘를 보기 에서 골라 쓰시오.

> **보기**
>
> 유형   근거

1 아무 ☐☐☐도 없이 다른 사람을 비난해서는 안 된다.

2 생물은 크게 동물과 식물이라는 두 ☐☐으로 나뉜다.

05 보기를 보고, 괄호 안에서 알맞은 어휘를 골라 ○표를 하시오.

> 보기
>
> **제안** 의견으로 내놓다. 또는 그 의견
>   예 학생들의 제안을 받아 프로그램을 정했다.
>
> **제한** 일정한 한도를 정하거나 그 한도를 넘지 못하게 막다. 또는 그렇게 정한 한계
>   예 이 영화는 보는 데 나이 제한이 있다.

1 회의에서 열 명 중 세 명이 나의 (제안 | 제한)에 찬성했다.

2 친구는 나에게 함께 놀이공원에 가자고 (제안 | 제한)을 했다.

3 이곳은 (제안 | 제한) 구역이라 관련이 있는 사람만 들어올 수 있습니다.

06 다음은 받아쓰기 시험지이다. 바르게 쓴 문장의 기호를 쓰시오.

> ㉠ 쪽지를 쓴 까닭을 말했다.
>
> ㉡ 친구가 좋은 의견을 내노았다.
>
> ㉢ 이 줄로 물건들을 묶어 움직이지 않게 하자.

[✎   ]

07 밑줄 그은 부분에 들어갈 한자 성어로 알맞은 것에 ✔표를 하시오.

> 선규는 무엇을 선택할 때마다 친구들의 말에 따라 이랬다저랬다 생각을 바꾼다. 선규처럼 자기 의견을 말하지 못하고 다른 사람들의 의견에 따라 움직이는 태도를 한자 성어로 "＿＿＿＿＿＿＿＿＿"이라고 한다.

☐ 부화뇌동(附和雷同)
자기 생각 없이 남의 의견에 따라 움직인다.

☐ 용두사미(龍頭蛇尾)
시작은 좋지만 갈수록 끝이 나빠진다.

☐ 유비무환(有備無患)
미리 준비가 되어 있으면 걱정할 것이 없다.

08~10 다음 글을 읽고, 물음에 답하시오.　국어 쓰기

　연우는 '동물원을 없애자.'라는 주장을 담은 글을 쓰려고 한다. 주장하는 글은 자기의 주장을 펴서 다른 사람을 설득하기 위한 글이다. 다른 사람을 설득하려면 주장이 잘 드러나게 쓰고, 올바른 근거를 들어 주장을 뒷받침해야 한다. 연우는 동물들도 자연 속에서 행복하게 살 권리가 있다는 근거를 들어 주장하는 글을 썼다.

　준서는 '학교 앞 횡단보도에 신호등이 필요하다.'라는 제안을 담은 글을 쓰려고 한다. 제안하는 글은 어떤 문제를 해결하기 위한 제안을 쓰는 글이다. 우리 주변에 있는 문제를 쓰고, 그 문제를 해결하기 위해 제안하는 내용과 제안하는 까닭을 쓴다. 준서는 학교 앞에 횡단보도가 없어 등하교할 때 위험하다는 까닭을 들어서 횡단보도를 설치할 것을 제안한다고 썼다. 주장하는 글과 제안하는 글 모두 다른 사람을 설득하는 유형의 글이다. 이와 같은 글을 쓸 때에는 자기의 의견을 분명하게 밝히고 올바른 근거를 들어야 한다.

08 이 글의 핵심 내용을 파악하여 빈칸에 들어갈 알맞은 말을 쓰시오.

{ 　다른 사람을 설득하는 글인 ☐☐하는 글과 ☐☐하는 글 　}

09 주장하는 글에 대한 설명으로 알맞지 <u>않은</u> 것은? [✎　]

① 다른 사람을 설득하는 글이다.
② 글쓴이 자신의 주장을 담은 글이다.
③ 주변의 문제에 대한 자신의 느낌을 쓴다.
④ 주장이 분명하게 드러나도록 써야 한다.
⑤ 올바른 근거를 들어 주장을 뒷받침해야 한다.

10 제안하는 글의 내용으로 알맞지 <u>않은</u> 것은? [✎　]

① 어두운 골목길에 가로등을 설치해 주세요.
② 좁은 도로가 위험하니 도로를 넓혀 주세요.
③ 학교 앞 횡단보도에 신호등을 설치해 주세요.
④ 이번 생일에 캐릭터 모양 케이크를 사 주세요.
⑤ 도서관에 어린이를 위한 공간을 마련해 주세요.

과학 열

옛날의 냉장고, 석빙고

비스듬하다

옆으로 약간 기운 듯하다.

보관해 두었다가
나중에 꺼내 봐야지.

보관

지키다   보 保
맡다   관 管

물건을 맡아서 간직하고 관리하다.

산길이
비스듬해요.

거기 갇혀서
갑갑하지?

돋보이다

무리 중에서 훌륭하거나 뛰어나 도드라져 보이다.

갇히다

사람이나 동물이 벽으로 둘러싸이거나 울타리가 있는 일정한 장소에 넣어져 밖으로 나오지 못하게 되다.

어휘를 넓혀요

정답과 해설 7쪽

01 빈칸에 '갇히다'를 쓸 수 <u>없는</u> 문장의 기호를 쓰시오.

> ㉠ 새장에 ⬚⬚⬚⬚ 새들이 불쌍해 보였다.
>
> ㉡ 나쁜 짓을 한 도둑이 감옥에 ⬚⬚⬚⬚.
>
> ㉢ 소들을 들판에 ⬚⬚⬚⬚ 놓았더니 신나게 뛰어다녔다.
>
> ㉣ 승강기가 갑자기 멈추어서 30분 동안 승강기 안에 ⬚⬚⬚⬚.

[✎   ]

02 빈칸에 들어갈 알맞은 어휘를 **보기**에서 골라 쓰시오.

> **보기**
>
>   갇히다   보관하다   돋보이다

1 여러 사람 중에서도 민희가 제일 ⬚⬚⬚⬚.

2 아빠가 어린 시절에 썼던 일기를 서랍에 ⬚⬚⬚⬚.

3 방문이 고장 나 아빠가 고쳐 주실 때까지 방 안에 ⬚⬚⬚⬚.

03 밑줄 그은 말과 뜻이 비슷한 어휘를 골라 ○표를 하시오.

> 바람이 불어 풀들이 <u>한쪽으로 기운 듯이</u> 쓰러져 있다.
>   ↳ 길쭉하게 | 비스듬하게 | 부지런하게

04 밑줄 그은 어휘와 뜻이 비슷한 어휘를 골라 ✔표를 하시오.

> 가게 아저씨가 시우가 놓고 간 가방을 <u>보관하고</u> 계셨다.

☐ 보살피고   ☐ 간직하고   ☐ 처리하고   ☐ 제공하고

05 보기를 보고, 괄호 안에서 알맞은 어휘를 골라 ○표를 하시오.

> **보기**
>
> **맡다** 어떤 물건을 받아 보관하다. **예** 친구의 책을 맡았다.
>
> **맞다** 문제에 대한 답이 틀리지 아니하다. **예** 네 답이 맞았다.

1 내 짐을 잠시 (맡아 | 맞아) 주겠니?

2 내가 푼 문제의 답이 (맡는지 | 맞는지) 알아봐야겠어.

06 밑줄 그은 부분에 들어갈 말로 알맞은 것에 ✓표를 하시오.

> 수현: 오늘 본 연극에서 주인공의 연기가 정말 좋지 않았어?
> 예지: 맞아. 연기도 잘하고 목소리도 예쁘더라.
> 수현: 옷도 화려해서 다른 연기자들보다 확실히 _____.

☐ 눈이 나오다

몹시 놀라다.

☐ 눈에 띄다

두드러지게 드러나다.

☐ 눈이 높다

정도 이상의 좋은 것만 찾는 버릇이 있다.

07 밑줄 그은 부분에 사용할 속담으로 알맞은 것은?   [✎   ]

> 태호는 노래를 잘 부른다고 다른 사람들에게 항상 자랑하고 다닌다. 그도 그럴 것이 태호는 우리 반뿐만 아니라 우리 학교에서 열린 노래자랑에서도 일 등을 했다. 태호는 마치 자신이 세상에서 노래를 제일 잘 부르는 것처럼 잘난 체하고 다녔다. 하지만 태호는 _____였는지 전국 노래자랑에서는 예선도 통과하지 못하고 떨어졌다.

① 우물 안 개구리

② 병 주고 약 준다

③ 밑 빠진 독에 물 붓기

④ 잘되면 제 탓 못되면 조상 탓

⑤ 길고 짧은 것은 재어 보아야 안다.

08~10 다음 글을 읽고, 물음에 답하시오.　　　　과학 열

　　냉장고가 없었던 과거에는 얼음을 어떻게 보관했을까? 우리 조상들은 얼음을 넣는 창고인 석빙고(石氷庫)에 겨울에 언 강물의 얼음을 넣어 두었다. 석빙고 안에서는 얼음이 잘 녹지 않기 때문에 여름에 꺼내서 이용할 수 있었다. 석빙고는 땅 아래의 공간에 만들어서 여름에도 석빙고 안의 온도가 낮았다. 천장은 둥글게 쌓아 올려 바깥의 더운 바람이 자연스럽게 흘러가도록 하였고, 지붕에는 잔디를 심어 태양의 뜨거운 열을 막았다.

　　석빙고의 굴뚝은 석빙고 안의 더운 공기를 밖으로 빼내는 역할을 했는데, 천장의 움푹 들어간 공간에 갇혔던 더운 공기가 이 굴뚝으로 빠져나갔다. 문은 시원한 바람이 잘 들어오는 쪽으로 만들었으며, 문 위쪽은 벽을 만들어 더운 바람이 안으로 들어오지 못하게 했다. 또 석빙고 안의 바닥은 비스듬하게 만들어서 물기가 흘러나가도록 하였다. 이렇듯 석빙고는 우리 조상들의 지혜가 돋보이는 공간이었다.

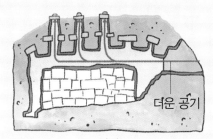

▲ 석빙고

08 이 글의 핵심 내용을 파악하여 빈칸에 들어갈 알맞은 말을 쓰시오.

{ 　□□□ 를 통해 알 수 있는 조상들의 지혜 }

09 석빙고의 쓰임새로 알맞은 것은?

① 물을 보관했다.　　　　　　　② 흙을 관리했다.
③ 보물을 보관했다.　　　　　　④ 얼음을 보관했다.
⑤ 더운 바람을 관리했다.

10 석빙고의 안이 온도가 낮은 까닭으로 알맞지 <u>않은</u> 것은?

① 땅 아래로 파고 들어간 공간에 지었다.
② 지붕에 잔디를 심어 뜨거운 햇볕을 막았다.
③ 출입문으로 바깥의 더운 공기가 잘 들어왔다.
④ 천장에 모인 더운 공기가 굴뚝으로 빠져나갔다.
⑤ 천장을 둥글게 쌓아 올려 더운 바람이 자연스럽게 흘러갔다.

사회 사회·문화

03 집의 모습이 달라졌어요

구성

얽다	구	構
이루다	성	成

몇 가지 부분이나 요소들을 모아서 전체를 짜 이루다.

생활

살다	생	生
살다	활	活

사람이나 동물이 활동하며 살아가다.

숲을 구성하는 나무

우리는 숲에서 생활해.

빗의 용도는 머리를 손질하는 거야.

용도

쓰다	용	用
길	도	途

쓰이는 길. 또는 쓰이는 곳

손질하다

손을 대어 잘 매만지다.

16

정답과 해설 8쪽

01 빈칸에 들어갈 알맞은 어휘를 쓰시오.

민지: 과학 시간에 곤충이 어떻게 ❶ ☐☐ 하는지 관찰하기로 했어.
　　　　　　　　　　　　사람이나 동물이 활동하며 살아가다.

주연: 모둠을 ❷ ☐☐ 해서 어떤 곤충의 생활을 관찰할지 정해야겠어.
　　　몇 가지 부분이나 요소들을 모아서 전체를 짜 이루다.

02 빈칸에 '손질하다'를 쓸 수 없는 문장의 기호를 쓰시오.

㉠ 우리 집 강아지의 털을 깔끔하게 ☐☐☐☐☐ .

㉡ 다양한 과자들 중에서 초콜릿 과자를 ☐☐☐☐☐ .

㉢ 아버지께서 태풍에 무너진 벽을 완벽하게 ☐☐☐☐ .

㉣ 친구를 만나러 나가기 전에 거울을 보고 머리를 ☐☐☐☐ .

[✎ 　]

03 밑줄 그은 어휘와 뜻이 비슷한 어휘를 골라 ○표를 하시오.

가구를 만들 때는 용도에 맞는 도구를 사용해야 한다.
↳ 마음 | 쓰임새 | 생김새

04 빈칸에 '살다 활(活)' 자가 들어간 어휘를 쓰시오.

1 다리를 다쳐서 자유롭게 활☐ 하기 어려웠다.
　　　　　　　　　　몸을 움직여 행동하다.

2 정호는 며칠 푹 쉬고 오더니 활☐ 가 넘쳐 보였다.
　　　　　　　　활동력이 있거나 활발한 기운

05 보기를 보고, 빈칸에 들어갈 알맞은 말을 쓰시오.

> 보기
>
> 손 + -질
> ↳ 그 신체 부위를 이용한 어떤 행위의 뜻을 더하는 말
>
> '손질'은 손을 대어 잘 매만지는 일을 뜻한다.

1 ☐☐☐ + -질 → 손가락으로 가리키는 짓

2 ☐☐ + -질 → 주먹을 휘둘러 겁을 주거나 때리는 짓

06 밑줄 그은 '쓰다'와 그 의미를 선으로 바르게 이으시오.

1 연필을 들어 일기를 <u>쓰다</u>. •

2 오늘 산 검은 모자를 <u>쓰다</u>. •

3 거실 청소를 할 때 청소기를 <u>쓰다</u>. •

• ㉠ 모자 따위를 머리에 얹어 덮다.

• ㉡ 붓이나 연필 따위로 획을 그어 글자를 이루다.

• ㉢ 어떤 일을 하는 데에 재료나 도구, 수단을 이용하다.

07 밑줄 그은 말의 뜻으로 알맞은 것은? [✎   ]

> 토요일은 엄마의 생신이다. 나는 엄마께 선물을 드리고 싶어서 군것질도 하지 않고 장난감도 사지 않는 등 <u>허리띠를 졸라매고</u> 돈을 모았다. 그리고 내가 모은 용돈으로 예쁜 스카프를 선물했다. 엄마가 좋아하셔서 나도 행복했다.

① 일하는 속도가 빠르다.
② 오가지 않거나 관계를 끊다.
③ 생활이 넉넉하여 편안하게 지내다.
④ 필요 이상의 돈을 쓰지 않고 꾸밈없이 생활하다.
⑤ 다른 사람의 눈치를 살피면서 불편하게 생활하다.

08~10 다음 글을 읽고, 물음에 답하시오. 사회 사회·문화

집은 사람이 비바람을 피하고 안전하게 살아가는 데 꼭 필요하다. 집의 생김새는 사람들의 생활 모습과 함께 변화해 왔다. 먼 옛날 사람들은 먹을 것을 찾아 여기저기 돌아다녔기 때문에 동굴이나 바위 그늘에 살았다. 사람들이 농사를 짓기 시작한 후로는 풀과 짚을 덮어 만든 움집에서 농사에 필요한 도구를 손질하고 음식을 만들어 먹었다.

시간이 흐르자 사람들은 나무와 흙으로 만든 초가집에 살았다. 초가집은 공간이 하나이던 움집과 달리 방, 마루, 부엌 등이 따로 있어 용도에 맞게 사용할 수 있었다. 또한 흙을 구워 만든 기와로 지붕을 덮은 기와집도 만들어졌다. 이 집은 여자들이 생활하는 안채와 남자들이 머무는 사랑채로 구성되어 있었다. 오늘날에는 많은 사람들이 시멘트와 철근으로 만든 아파트와 같은 집에서 살고 있다.

08 이 글의 핵심 내용을 파악하여 빈칸에 들어갈 알맞은 말을 쓰시오.

시간의 흐름에 따라 변화한 [   ]의 모습

09 사람에게 집이 필요한 이유로 알맞은 것은? [✎   ]

① 농사를 짓기 위해서
② 먹을 것을 구하기 위해서
③ 여기저기 돌아다니기 위해서
④ 여자들이 편하게 생활하기 위해서
⑤ 비바람을 피하고 안전하게 지내기 위해서

10 사람들이 가장 처음 살던 집의 모습으로 알맞은 것은? [✎   ]

① 움집   ② 동굴   ③ 기와집
④ 아파트   ⑤ 초가집

수학 그래프

04 막대로 나타내는 자료

대부분

크다 대 大
나누다 부 部
나누다 분 分

절반이 훨씬 넘어 전체에 거의 가까운 정도의 수나 양

제외

덜다 제 除
바깥 외 外

따로 떼어 내어 한데 놓지 않다.

배추를 제외하고 대부분 사야할 것들이야.

이 많은 분량을 언제 팔지?

상추

분량

나누다 분 分
양 량 量

수, 무게의 많고 적음이나 부피의 크고 작은 정도

신선하다

새롭다 신 新
깨끗하다 선 鮮

새롭고 산뜻하다.

01 빈칸에 들어갈 알맞은 어휘를 쓰시오.

1 우리 반 친구들 ⬚⬚⬚ 이 김밥을 좋아한다.

절반이 훨씬 넘어 전체에 거의 가까운 정도의 수나 양

2 그 배우는 엄청난 ⬚⬚ 의 대사를 외워야 했다.

수, 무게의 많고 적음이나 부피의 크고 작은 정도

02 빈칸에 '신선하다'를 쓰기에 알맞은 문장의 기호를 쓰시오.

㉠ 높은 산 위에 올라가니 바람이 ⬚⬚⬚ .

㉡ 나와 동생은 쌍둥이라서 생김새가 ⬚⬚⬚ .

㉢ 그 과학자는 지구가 태양 둘레를 돈다고 ⬚⬚⬚ .

[✎]

03 밑줄 그은 말과 뜻이 비슷한 어휘를 골라 ○표를 하시오.

몇 명을 <u>빼놓고</u> 대부분의 친구들이 민수를 회장으로 추천했다.

↳ 무시하고 | 제외하고 | 포함하고

04 '분(分)' 자가 들어간 보기 의 어휘 중 빈칸에 알맞은 어휘를 골라 쓰시오.

보기

분수(나누다 分, 세다 數)　　　구분(나누다 區, 나누다 分)

1 책을 읽은 것과 안 읽은 것으로 ⬚⬚ 해 두었다.

어떤 기준에 따라 전체를 몇 개로 갈라 나눈다.

2 똑같이 셋으로 나눈 것 중의 하나를 ⬚⬚ $\frac{1}{3}$ 로 나타낸다.

어떤 수를 다른 수로 나누는 것을 분자와 분모로 나타낸 것

05 밑줄 그은 어휘의 뜻을 **보기**에서 골라 그 기호를 쓰시오.

> **보기**
>
> ### 신선하다
>
> ㉠ 새롭고 산뜻하다. **예** 민수가 주장한 의견이 꽤 신선하다.
> ㉡ 채소나 과일, 생선 따위가 싱싱하다. **예** 아침에 밭에서 딴 채소가 신선하다.

1 시골에 가니 바람도 <u>신선한</u> 것 같다. (   )

2 엄마와 시장에 가서 <u>신선한</u> 과일을 샀다. (   )

3 산에 가서 <u>신선한</u> 공기를 마시니 건강해지는 느낌이 들었다. (   )

06 **보기**를 보고, 괄호 안에서 알맞은 어휘를 골라 ○표를 하시오.

> **보기**
>
> **넘어** 높은 부분의 위를 지나가다.
>   **예** 양은 울타리를 넘어 들판으로 달려갔다.
>
> **너머** 경계나 가로막은 것을 넘어선 건너편
>   **예** 울타리 너머에 많은 양들이 있다.

1 적군이 언덕을 (넘어 | 너머) 도망쳤다.

2 돌담 (넘어 | 너머)에 있는 빨간 지붕 건물이 우체국이다.

07 밑줄 그은 속담의 뜻으로 알맞은 것은?

> 현서: 나는 이번 주에 책을 네 권 읽어서 선생님께 칭찬을 들었어.
> 윤지: 그 정도는 <u>새 발의 피</u>야. 나는 이번 주에 여덟 권이나 읽었어.

① 갑자기 당하게 된 재난
② 곤란한 일에서 벗어날 수 없는 처지
③ 아주 하찮은 일이나 매우 적은 분량
④ 자기의 이익을 위해 여기저기 옮겨 다니는 행동
⑤ 자신은 하고 싶지 않지만 남에게 끌려서 하게 된 행동

08~10 다음 글을 읽고, 물음에 답하시오. (수학 그래프)

세호는 음료수에 들어 있는 설탕의 양에 대해 조사했다. 물을 제외하고 대부분의 음료수에는 설탕이 들어 있었다. 음료수에 들어 있는 설탕의 양을 각설탕 개수로 나타내면 ㉠과일 주스에는 6개, 초콜릿 우유에는 7개, 유산균 음료수에는 4개, 탄산 음료수에는 8개 분량의 설탕이 들어 있었다. 세호는 조사한 자료를 표로 나타냈지만 많고 적음을 한눈에 볼 수 없어 불편했다. 그래서 세호는 조사한 자료를 막대그래프로 그렸다. 막대그래프로 나타내니 자료가 한눈에 들어와 신선한 느낌이 들었다.

막대그래프는 조사한 자료를 막대 모양으로 나타낸 것이다. 조사한 내용의 많고 적음이 막대의 길이로 표현되기 때문에 여러 항목의 수량을 비교하기에 편리하다. 막대그래프를 그릴 때에는 먼저 가로와 세로 중에서 어느 쪽에 조사한 수를 나타낼 것인가를 정한다. 그리고 눈금 한 칸의 크기를 정하고, 조사한 수 중에서 가장 큰 수를 나타낼 수 있도록 눈금의 수를 정한다. 조사한 수에 맞도록 막대를 그리고 막대그래프에 알맞은 제목을 붙인다.

08 이 글의 핵심 내용을 파악하여 빈칸에 들어갈 알맞은 말을 쓰시오.

{ ☐☐그래프의 좋은 점과 막대그래프를 그리는 방법 }

09 막대그래프를 사용하면 좋은 점으로 알맞은 것은? [✎]

① 큰 수를 나타내기 편리하다.
② 눈금이 가로에만 있어서 편리하다.
③ 조사한 자료를 눈금 한 칸 안에 나타내기 좋다.
④ 조사한 여러 항목의 수량을 비교하기 편리하다.
⑤ 수량을 막대가 아닌 다른 모양으로 나타내기 좋다.

10 다음은 ㉠을 나타낸 막대그래프이다. 탄산 음료수의 막대그래프를 그리시오.

〈음료수별 설탕의 양〉

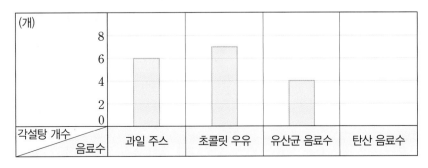

사회 지역

05 주민들을 위한 공간

한곳

일정한 곳, 같은 곳

운영

다스리다	운 運
관리하다	영 營

조직이나 기구, 사업체 따위를 관리하고 움직이게 하다.

이 가게는 한곳에서만
10년째 운영 중이야.

손님의 편의를
생각해서 배달해
주는구나.

배달을 하니
이익이 늘어나네.

편의

편하다	편 便
알맞다	의 宜

형편이나 조건 따위가 편하고 좋다.

이익

이롭다	이 利
더하다	익 益

물질적으로나 정신적으로 보탬이 되다.

01 빈칸에 공통으로 들어갈 알맞은 어휘를 골라 ✓표를 하시오.

> • 할아버지가 시골에서 작은 가게를 ⬚⬚⬚⬚.
>
> • 선생님은 아이들과 함께 독서 모임을 ⬚⬚⬚⬚.

☐ 운동하다   ☐ 운반하다   ☐ 운전하다   ☐ 운영하다

02 밑줄 그은 어휘와 뜻이 비슷한 어휘로 알맞은 것은?   [✎   ]

> 이 빵집은 한곳에서만 30년 동안 장사를 했다.

① 높은 곳   ② 여러 곳   ③ 같은 곳
④ 조용한 곳   ⑤ 안전한 곳

03 밑줄 그은 어휘와 뜻이 반대인 어휘를 골라 ○표를 하시오.

> 자동차가 많이 팔려서 그 회사는 큰 이익을 얻었다.
> ↳ 방해 | 손해 | 오해

04 빈칸에 '편하다 편(便)' 자가 들어간 어휘를 쓰시오.

1 언니가 ⬚편⬚⬚ 한 자세로 누워 텔레비전을 보고 있다.

　　　　편하고 걱정 없이 좋다.

2 한쪽 팔을 다쳐서 움직이지 못하니 씻는 것이 ⬚⬚편⬚ 하였다.

　　　　어떤 것을 사용하거나 이용하는 것이 편하지 않고 괴롭다.

05 보기를 보고, 괄호 안에서 알맞은 말을 골라 ○표를 하시오.

> **보기**
>
> **한곳** 일정한 곳, 같은 곳
> 예 체험 학습이 끝나고 우리는 한곳에 모였다.
>
> **한 곳** 여러 장소 중 어느 한 군데
> 예 여러 곳 중에서 한 곳을 골라 체험 학습을 떠났다.

1 그 사람과 나는 (한곳 | 한 곳)에서 함께 일했다.

2 많은 가게 중에 그 물건을 파는 가게는 (한곳 | 한 곳)도 없었다.

06 밑줄 그은 말의 뜻으로 알맞은 것에 ✓표를 하시오.

> 할머니께서 과수원을 하시는데 가을에 일할 사람이 부족하여 걱정을 하셨다. 우리 가족이 할머니를 도와 가을에 과일을 수확했다. 할머니는 수확을 마치시고는 이제야 <u>허리를 펴게 되었다</u>고 하시며 기뻐하셨다.

☐ 쉬지 않고 계속하다.

☐ 어려운 고비를 넘기고 편하게 지낼 수 있게 되다.

☐ 어떤 단체나 무리 중에서 몇 되지 아니하게 특별하다.

07 다음 속담을 쓰기에 알맞은 상황은?

> **달면 삼키고 쓰면 뱉는다**
>
> 음식이 맛이 달면 삼키고 쓰면 뱉듯이, 자기에게 이익이 되면 가까이하고 이익이 안 되면 멀리한다는 뜻의 속담이다.

① 친구의 부족한 점을 솔직하게 말해 주었다.

② 다른 사람에게 함부로 친구의 험담을 하였다.

③ 친구의 숙제를 도와주다가 자기의 숙제는 못 하였다.

④ 자신이 잘못을 해 놓고는 오히려 친구에게 화를 내었다.

⑤ 친구의 도움을 받고는 그 친구가 도움을 바랄 때 모른 척하였다.

08~10 다음 글을 읽고, 물음에 답하시오.

어느 지역이나 주민들의 이익과 편의를 위해 지어진 시설이 있다. 이런 시설을 공공 기관이라고 하는데, 이런 시설은 국가에서 운영하거나 그 지역에 맡겨 관리한다. 대표적인 공공 기관으로는 주민 센터, 우체국, 도서관, 경찰서, 보건소 등이 있다.

주민 센터에서는 지역 주민들의 일상생활과 관련된 신고를 받고 필요한 각종 서류를 발급해 준다. 우체국에서는 지역 주민들의 편지나 물건 등을 원하는 곳에 배달해 준다. 도서관에서는 지역 주민들에게 책을 빌려주고 여러 가지 교육을 한다. 경찰서에서는 범죄가 일어나지 않도록 순찰을 하고, 지역 주민들의 재산과 안전을 지킨다. 보건소에서는 예방 접종을 하고 생활이 어려운 사람들을 무료로 치료해 준다. 이런 공공 기관은 한곳에 모여 있지 않고 그 지역의 여러 곳에 나누어 지어져 지역 주민들의 이익과 편의를 위해 일한다.

08 이 글의 핵심 내용을 파악하여 빈칸에 들어갈 알맞은 말을 쓰시오.

{ ☐ ☐ ☐ ☐ 의 종류와 하는 일 }

09 공공 기관에 대한 설명으로 알맞은 것은?

① 한곳에 모두 모여 있다.
② 국제적인 행사를 준비한다.
③ 지역 주민들이 만들어 운영한다.
④ 지역 주민들의 이익과 편의를 돌본다.
⑤ 지역 주민이 아닌 다른 지역을 위해 지어졌다.

10 각 공공 기관이 하는 일로 알맞지 <u>않은</u> 것은?

① 보건소는 예방 접종을 한다.
② 우체국은 물건을 맡아 보관해 준다.
③ 주민 센터는 각종 서류를 발급해 준다.
④ 도서관은 지역 주민들에게 책을 빌려준다.
⑤ 경찰서는 지역 주민들의 재산과 안전을 지킨다.

06 나에게 맞는 책

선택

고르다	선 選
뽑다	택 擇

여럿 가운데서 필요한 것을 골라 뽑다.

강조

강하다	강 強
조절하다	조 調

어떤 부분을 특별히 강하게 주장하거나 두드러지게 하다.

> 어떤 도구를 선택해서 그릴까?

> 눈을 강조해서 그려 줘.

> 난 나쁜 곤충을 잡아먹는 유익한 곤충이야.

> 난 해로운 병균을 옮기기도 해.

유익

있다	유 有
이익	익 益

이롭거나 도움이 될 만한 것이 있다.

해롭다

해치다	해 害

이롭지 않고 해가 되는 점이 있다.

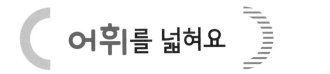

01 빈칸에 들어갈 알맞은 어휘를 쓰시오.

1 매일 운동을 하는 것은 건강에 ⬚⬚하다.

　　　　　　　　　이롭거나 도움이 될 만한 것이 있다.

2 휴대 전화를 오랜 시간 동안 들여다보는 것은 눈에 ⬚⬚⬚.

　　　　　　　　　　　　　　　　이롭지 않고 해가 되는 점이 있다.

02 밑줄 그은 어휘의 뜻에 맞는 말을 괄호 안에서 골라 ◯표를 하시오.

내 친구는 얼굴을 그릴 때 특히 표정을 <u>강조한다</u>.

→ 뜻 어떤 부분을 특별히 (강하게 | 약하게) 주장하거나 두드러지게 하다.

03 다음 표에서 뜻이 비슷하거나 반대되는 어휘를 골라 ◯표를 하시오.

1
선택하다

↧ 비슷한 뜻

고르다 | 지키다 | 붙이다

2
해롭다

↧ 반대의 뜻

괴롭다 | 새롭다 | 이롭다

04 '해(害)' 자가 들어간 보기의 어휘 중 빈칸에 알맞은 어휘를 골라 쓰시오.

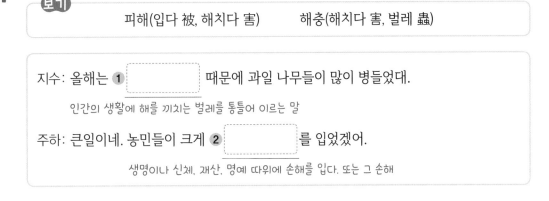

보기

피해(입다 被, 해치다 害)　　　해충(해치다 害, 벌레 蟲)

지수: 올해는 **1** ⬚⬚⬚ 때문에 과일 나무들이 많이 병들었대.

　　　인간의 생활에 해를 끼치는 벌레를 통틀어 이르는 말

주하: 큰일이네. 농민들이 크게 **2** ⬚⬚⬚를 입었겠어.

　　　생명이나 신체, 재산, 명예 따위에 손해를 입다. 또는 그 손해

어법+표현 다져요

05 보기를 보고, 빈칸에 들어갈 알맞은 어휘를 쓰시오.

보기

해롭다 예 이 음식은 건강에 해롭다.

↳ 해로운 예 건강에 해로운 음식은 먹지 말자.

1 이롭다

↳ 소는 사람에게 ☐☐☐☐☐ 동물이다.

2 새롭다

↳ 세종대왕은 ☐☐☐☐☐ 글자인 한글을 만드셨다.

06 [ ] 안에서 알맞은 어휘를 골라 ○표를 하시오.

1 미주는 [특별이 / 특별히] 요리에 관심이 많다.

2 언니가 오기 전에 방을 [깨끗이 / 깨끗히] 치웠다.

07 밑줄 그은 속담의 뜻으로 알맞은 것은? [✎]

오빠: 샤프가 두 종류가 있네. 어떤 것을 살까?
동생: 같은 값이면 다홍치마라고, 잘 지워지는 지우개가 달려 있는 이것을 사자.
오빠: 그래, 좋은 생각이야.

① 값이 쌀수록 품질이 좋지 않다는 말
② 겉은 보기에 좋은데 실속은 좋지 않다는 말
③ 값이나 노력을 따져도 두 물건이 비슷하다는 말
④ 같은 노력을 기울여도 실력 차이는 드러나기 마련이라는 말
⑤ 값이 같거나 같은 노력을 한다면 품질이 좋은 것을 선택한다는 말

08~10 다음 글을 읽고, 물음에 답하시오. [국어 읽기]

　많은 사람들이 도서관에 가서 책을 읽고 책을 빌린다. 책을 읽으면 몰랐던 사실을 알게 되고 즐거움도 얻을 수 있기 때문이다. 하지만 도서관에 있는 수많은 책들 중에서 대체 어떤 책을 읽어야 할지 선택하기 어려울 때도 있다. 그래서 어떤 사람들은 자신이 관심 있는 주제의 책만 읽기도 한다. 그럴 경우 흥미롭게 읽을 수는 있겠지만 다양한 내용을 읽지 않게 되어 생각의 깊이가 얕아지는 등 오히려 해로울 수도 있다. 특히 한창 지식을 배워 나가는 어린이들에게는 다양한 주제의 책을 읽으라고 강조하게 된다.

　읽을 책을 선택할 때는 자신의 수준에 맞는 책을 골라야 한다. 읽는 사람에게 유익한 책이라 해도 책에서 다루는 내용이나 어휘가 너무 어려우면 흥미가 떨어지고 내용을 이해할 수 없게 된다. 이럴 때에는 비슷한 내용을 담고 있지만 자신이 이해할 수 있는 쉬운 책을 찾아 읽어야 한다.

08 이 글의 핵심 내용을 파악하여 빈칸에 들어갈 알맞은 말을 쓰시오.

자신에게 맞는 [　　] 을 선택하는 방법

09 책 읽기에 대한 설명으로 알맞지 <u>않은</u> 것은? [　　]

① 책에서 새로운 사실을 알 수 있다.
② 책을 읽으면 즐거움을 느낄 수 있다.
③ 다양한 주제의 책을 읽는 것이 좋다.
④ 어떤 책을 읽을지 선택하기 어려울 때도 있다.
⑤ 어린이들은 책에서 유익한 지식을 얻기 어렵다.

10 책을 선택하는 방법이 <u>아닌</u> 것은? [　　]

① 다양한 주제의 책을 고루 읽는다.
② 자기의 수준에 맞는 책을 읽는다.
③ 흥미를 느낄 수 있는 책만 골라 읽는다.
④ 이해할 수 있는 어휘로 쓰인 책을 읽는다.
⑤ 읽어서 알 수 있는 내용이 담긴 책을 읽는다.

조상들이 물려준 선물

창조

시작하다	창	創
이루다	조	造

전에 없던 것을 처음으로 만들거나 이루다.

보존

지키다	보	保
있다	존	存

잘 지니고 상하거나 없어지지 않도록 하다.

새로운 도자기 표현 방법을 창조했지.

도자기 만드는 법을 계승했지.

문화재를 보존하는 것은 우리의 의무이지요.

계승

잇다	계	繼
잇다	승	承

조상의 전통이나 문화유산, 업적 따위를 물려받아 이어 가다.

의무

옳다	의	義
일	무	務

사람으로서 마땅히 해야 할 일

01 빈칸에 들어갈 알맞은 어휘를 쓰시오.

진서: 마을에 있는 오래된 기와집을 [ ][ ]해야 해.

잘 지니고 상하거나 없어지지 않도록 하다

윤지: 맞아. 문화재를 잘 지켜야 해.

02 밑줄 그은 어휘의 뜻에 맞는 말을 괄호 안에서 골라 ○표를 하시오.

1 국민에게는 법을 지켜야 할 <u>의무</u>가 있다.

→ 뜻 (사람 | 학생)으로서 마땅히 하여야 할 (일 | 말)

2 그 음악가는 전통 음악을 <u>계승</u>하여 새롭게 발전시켰다.

→ 뜻 조상의 (전통 | 규칙)이나 문화유산, 업적 따위를 (물려받아 | 제외하여) 이어 가다.

03 다음 표에서 뜻이 비슷한 어휘를 골라 ○표를 하시오.

1 창조하다

비슷한 뜻

만들다 | 따르다 | 조립하다

2 계승하다

비슷한 뜻

단절하다 | 승리하다 | 이어받다

04 '의(義)' 자가 들어간 보기의 어휘 중 빈칸에 알맞은 어휘를 골라 쓰시오.

보기

정의(바르다 正, 옳다 義)   의리(옳다 義, 도리 理)

1 그 만화의 주인공은 [   ]를 위해 싸운다.

사람으로서 지켜야 할 올바른 도리

2 나는 민주와의 [   ]를 지키려고 싸움에서 민주 편을 들었다.

사람과의 관계에서 지켜야 할 올바른 도리

어법+표현 다져요

05 보기를 보고, 괄호 안에서 알맞은 어휘를 골라 ○표를 하시오.

보기

-(으)로서	지위나 신분 또는 자격을 나타낼 때 사용한다.
	예 학생으로서 당연히 공부를 해야 한다.
-(으)로써	어떤 일의 수단이나 도구를 나타낼 때 사용한다.
	예 말로써 천 냥 빚을 갚는다.

1 나는 친구(로서 | 로써) 의리를 지켰다.

2 사람(으로서 | 으로써) 어떻게 그런 일을 할 수가 있니?

3 민호는 뛰어난 그림 실력(으로서 | 으로써) 미술 대회에서 1등을 했다.

06 보기를 보고, 괄호 안에서 알맞은 어휘를 골라 ○표를 하시오.

보기

잇다	끊어지지 않게 계속하다.
	예 세종대왕이 왕위를 잇다.
있다	사람이나 동물이 어느 곳에서 떠나거나 벗어나지 않고 머물다.
	예 동생이 집에 있다.

1 이 우리 안에는 호랑이가 (잇다 | 있다).

2 그 가야금 연주자가 우리나라의 전통 음악을 (잇다 | 있다).

07 밑줄 그은 말의 뜻으로 알맞은 것은?

이순신 장군은 임진왜란 때 수많은 전투를 치른 훌륭한 장군이다. 이순신 장군은 적군이 쳐들어오는 것을 막아 백성들을 구해야 한다는 책임감을 <u>어깨에 지고</u> 전쟁에 나서곤 했다.

① 풀이 죽고 기가 꺾이다.

② 굽힐 것이 없이 당당하다.

③ 무거운 책임에서 벗어나다.

④ 떳떳하고 자랑스러운 기분이 되다.

⑤ 어떤 일에 대한 책임, 의무를 마음에 두다.

08~10 다음 글을 읽고, 물음에 답하시오. 〔사회〕 **사회·문화**

문화유산이란 건축물, 발명품뿐만 아니라 예술 활동, 기술과 같이 조상 대대로 전해 내려온 문화 중에서 다음 세대에 물려줄 만한 가치가 있는 것을 말한다. 문화유산에는 왕이 살던 궁궐이나 도자기처럼 형태가 있는 것이 있고, 한지를 만드는 기술이나 판소리처럼 형태가 없는 것이 있다.

우리는 문화유산을 통해 조상들의 생활 모습과 생각을 엿볼 수 있다. 하늘의 별을 관찰하던 첨성대를 통해 옛날에도 별을 관찰하고 연구했다는 것을 알 수 있고, 탈춤을 통해 당시 백성들의 생활과 속마음을 알 수 있는 것이다. 조상들의 생활 모습과 생각을 담은 문화유산을 잘 보존하는 것은 우리들의 의무라고 할 수 있다. 뿐만 아니라 우리는 조상들이 남긴 훌륭한 문화유산을 계승하여 새롭고 가치 있는 문화를 창조해 나가야 한다.

08 이 글의 핵심 내용을 파악하여 빈칸에 들어갈 알맞은 말을 쓰시오.

{ □□□□의 뜻과 종류 및 가치 }

09 문화유산의 뜻에 맞도록 빈칸에 들어갈 알맞은 말을 쓰시오.

문화유산은 건축물, 발명품뿐만 아니라 예술 활동, 기술과 같이 조상 대대로 전해 내려온 문화 중에서 다음 세대에 물려줄 만한 □□가 있는 것이다.

10 문화유산에 대한 말로 알맞은 것은? 〔✎   〕

① 영서: 요즘은 문화유산을 찾아볼 수 없어.
② 정민: 문화유산을 꼭 보존할 필요는 없어.
③ 민아: 형태가 없는 문화유산은 사라져 버렸어.
④ 선재: 문화유산으로는 조상들의 생활 모습을 알기 어려워.
⑤ 윤지: 문화유산을 계승하여 새로운 문화를 창조할 수 있어.

과학 생물

08 이런 식물도 있어요

흥미롭다

흥겹다   흥 興
기분   미 味

즐거움을 느끼는 재미가 있
다.

척박하다

메마르다   척 瘠
얇다   박 薄

땅이 기름지지 못하고 몹시
메마르다.

대처

대답하다   대 對
처리하다   처 處

어떤 일이나 사건에 대하여
알맞은 조치를 하다.

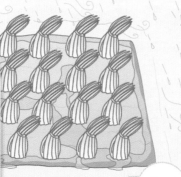

큰비에 대처하여
휩쓸려 내려가지
않게 묶었지.

휩쓸리다

물, 불, 바람 따위에 모조리
한 방향으로 몰려 쓸리다.

01 밑줄 그은 어휘와 뜻이 반대인 어휘를 골라 ✓표를 하시오.

> 할아버지는 시골의 <u>척박한</u> 땅을 일구어 농사를 지으셨다.

☐ 험한   ☐ 기름진   ☐ 평평한   ☐ 메마른

02 빈칸에 '대처하다'를 쓸 수 없는 문장의 기호를 쓰시오.

㉠ 소방관들이 출동하여 화재에 [   ].

㉡ 경찰이 빠르게 달려와서 교통사고에 [   ].

㉢ 주말에 우리집에 놀러오라고 친구들에게 [   ].

㉣ 동생이 파도에 휩쓸렸지만 수영을 잘하시는 아빠가 잘 [   ].

[✎   ]

03 밑줄 그은 어휘와 뜻이 비슷한 어휘로 알맞은 것은?   [✎   ]

> 동생은 인형극을 <u>흥미롭게</u> 보고 있었다.

① 괴롭게   ② 슬기롭게   ③ 심각하게
④ 지루하게   ⑤ 재미있게

04 문장의 빈칸에 들어갈 알맞은 어휘를 골라 선으로 이으시오.

1 농사짓기 어렵게 땅이 [   ].   •   • ㉠ 흥미롭다

2 바다 위에서 폭풍우에 [   ].   •   • ㉡ 척박하다

3 방금 시작한 배구 경기가 [   ].   •   • ㉢ 휩쓸리다

05 밑줄 그은 어휘의 뜻을 보기에서 골라 그 기호를 쓰시오.

보기

휩쓸리다

㉠ 물, 불, 바람 따위에 모조리 한 방향으로 몰려 쓸리다.
예 불어난 강물에 강아지가 휩쓸렸다.

㉡ 많은 사람들 속으로 섞여 들다.
예 거리에서 달리는 사람들 속에 휩쓸렸다.

1 불어난 계곡물에 튜브가 휩쓸려 떠내려갔다. (   )

2 놀이공원에서 사람들에게 휩쓸려 엄마와 떨어졌다. (   )

3 논밭의 채소들이 빗물에 휩쓸려 갈까 봐 걱정이 되었다. (   )

06 보기의 '-으로'가 사용된 문장이 아닌 것은?   [✎   ]

보기

-으로   말의 뒤에 붙어서 움직임의 방향을 나타낸다.
예 물, 불, 바람 따위에 모조리 한 방향으로 쏠리다.

① 집으로 가는 길이 멀다.
② 놀이터 말고 공원으로 가자.
③ 언니는 외국으로 여행을 떠났다.
④ 추우니까 안으로 들어가야겠다.
⑤ 외출하기 전에 손으로 머리를 다듬었다.

07 밑줄 그은 부분에 들어갈 말로 알맞지 않은 말을 골라 ✓표를 하시오.

• 이렇게 간단한 문제를 푸는 것은 _____ 다.
• 달리기 선수인 내가 동생보다 빨리 달리는 것은 _____ 다.

☐ 죽기 살기로
☐ 식은 죽 먹기
☐ 땅 짚고 헤엄치기

08~10　다음 글을 읽고, 물음에 답하시오.　　　과학 생물

　식물은 보통 씨앗을 퍼뜨려 자손을 늘리면서 살아간다. 그런데 보통의 식물과 달리 새끼를 낳는 흥미로운 식물이 있다. 바로 더운 지역의 갯벌이나 바닷가에서 자라는 맹그로브라는 식물이다. 맹그로브가 사는 갯벌은 물이 들어왔다 나갔다 하기 때문에 씨앗이 물에 휩쓸리기 쉽다. 그래서 맹그로브는 ⊙어미 나무에서 씨를 키워 새끼 나무로 자라면 땅으로 내려보낸다. 이와 같은 까닭으로 맹그로브를 '새끼 낳는 식물'이라고 부른다.

　맹그로브처럼 환경에 대처하며 사는 식물이 또 있다. 곤충을 잡아먹는 식충 식물인 파리지옥이다. 파리지옥은 파리가 좋아하는 냄새로 파리를 꾀어낸다. 파리지옥은 주로 척박한 땅에서 자란다. 이런 땅에서는 영양분을 충분히 얻기 어렵기 때문에 곤충을 통해 영양분을 채운다.

08 이 글의 핵심 내용을 파악하여 빈칸에 들어갈 알맞은 말을 쓰시오.

새끼 낳는 식물인 ☐☐☐☐, 곤충을 먹는 ☐☐☐☐

09 이 글의 내용으로 알맞지 <u>않은</u> 것은?　[✐　]

① 식충 식물은 곤충을 잡아먹는다.
② 파리지옥은 냄새를 풍겨 파리를 꾀어낸다.
③ 식물은 보통 씨앗을 퍼뜨려 자손을 늘린다.
④ 파리지옥은 파리에게 필요한 영양분을 준다.
⑤ 맹그로브는 더운 지방의 갯벌이나 바닷가에서 자란다.

10 맹그로브가 ⊙과 같이 하게 된 까닭으로 알맞은 것은?　[✐　]

① 씨앗이 쉽게 날아가서　　　　② 곤충들이 씨앗을 먹어서
③ 씨앗이 너무 빨리 자라서　　　④ 씨앗이 물에 휩쓸리기 쉬워서
⑤ 씨앗의 숫자가 몇 개 안 되어서

수학 규칙

수를 늘어놓는 놀이

중복

| 되풀이하다 | 중 | 重 |
| 겹치다 | 복 | 複 |

되풀이하거나 겹치다.

배열

| 나누다 | 배 | 配 |
| 벌이다 | 열 | 列 |

일정한 차례나 간격에 따라
벌여 놓다.

앗, 이름이
중복되었어.

강이
범람하고 있어.

어떡하지?
구명 조끼를
빠뜨리고 왔어.

빠뜨리다

빼어 놓아 버리다.

범람

| 넘치다 | 범 | 氾 |
| 넘치다 | 람 | 濫 |

큰물이 흘러넘치다.

01 빈칸에 공통으로 들어갈 알맞은 어휘를 쓰시오.

- 종류가 같은 책끼리 모아서 책을 찾기 쉽게 ☐☐하였다.
- 무지개 색으로 ☐☐하면 빨간색이 처음에 오고 보라색이 마지막에 온다.

02 밑줄 그은 어휘 중 쓰임이 알맞지 않은 것을 골라 ✔표를 하시오.

☐ 아빠는 캠핑에 쓸 도구들을 꼼꼼하게 빠뜨렸다.

☐ 언니가 준비물을 빠뜨리고 가서 내가 대신 가져다주었다.

☐ 엄마는 여행을 가기 전에 빠뜨린 물건이 없는지 한 번 더 확인했다.

03 왼쪽 어휘와 뜻이 비슷한 어휘를 골라 ✔표를 하시오.

| 빠뜨리다 | ☐ 빼닮다 | ☐ 빼앗다 | ☐ 빼놓다 |

04 밑줄 그은 말과 뜻이 비슷한 어휘를 빈칸에 쓰시오.

1 글을 쓸 때는 똑같은 낱말을 <u>겹쳐</u> 사용하는 것을 피해야 한다.

↳ ☐☐하여

2 큰비로 강이 <u>흘러넘치는</u> 것을 막기 위해서 서둘러 둑을 쌓아야 한다.

↳ ☐☐하는

05 밑줄 그은 어휘의 뜻을 보기 에서 골라 그 기호를 쓰시오.

> **보기**
>
> **빠뜨리다**
>
> ㉠ 빼어 놓아 버리다. 예 숙제를 빠뜨리고 학교에 왔다.
> ㉡ 어려운 지경에 놓이게 하다. 예 실수를 하면 팀을 위기에 빠뜨리게 된다.

1 그는 욕심 때문에 친구를 함정에 빠뜨렸다. (　　　　)

2 장기자랑의 신청자 명단에서 실수로 시우의 이름을 빠뜨렸다. (　　　　)

06 밑줄 그은 말의 뜻으로 알맞은 것은?　　　　　[✎　　]

> 수희: 다예야, 유리랑 친하지?
> 다예: 응, 어렸을 때부터 자주 함께 놀았어.
> 수희: 나도 유리와 친해지고 싶어. 네가 나와 유리 사이에 다리를 놓아 줄래?
> 다예: 응, 알았어. 이따 유리가 오면 소개해 줄게.

① 몹시 안타깝게 기다리다.
② 하던 일을 그만두거나 잠시 멈추다.
③ 일이 잘되게 하기 위해 둘 또는 여럿을 연결하다.
④ 물건이나 의견 따위를 받아들이지 않고 물리치다.
⑤ 말이나 물건 따위가 한 사람을 거쳐 다른 사람에게 넘어가다.

07 밑줄 그은 부분에 들어갈 한자 성어의 뜻으로 알맞은 것은?　　　　　[✎　　]

> **중언부언**　　중(重) 되풀이하다 언(言) 말 부(復) 되풀이하다 언(言) 말
>
> '중(重)'은 '무겁다'는 뜻 외에도 '중복(重複)', '이중(二重)'처럼 '되풀이하다'라는 뜻도 있다. 그래서 이 한자 성어는 ＿＿＿＿＿＿＿＿＿＿＿＿＿ 을 뜻한다.

① 이러지도 저러지도 못함
② 이미 한 말을 자꾸 되풀이함
③ 마음이 불안하여 안절부절못함
④ 나날이 다달이 자라거나 발전함
⑤ 한 가지 일을 하여 두 가지 이익을 얻음

08~10 다음 글을 읽고, 물음에 답하시오.   수학 규칙

　　마방진(魔方陣)은 오래 전부터 전해 내려오는 수의 배열이다. 마방진에서 '방(方)'은 정사각형, '진(陣)'은 줄을 지어 늘어선다는 뜻이다. 예를 들어, 가로, 세로 3칸씩으로 이루어진 정사각형에 1부터 9까지의 수를 중복하지 않고 채워 넣는다. 빠뜨리는 수가 있어서도 안 된다. 가로, 세로, 대각선에 있는 수의 합이 모두 15가 되도록 수가 배열되었으면 이 수의 배열은 마방진이다.

　　마방진을 누가 만들었는지 정확하지 않지만 중국 하나라 때의 이야기가 전해진다. 하나라에서는 매년 강이 범람하여 피해가 컸기에 이를 대비하는 공사를 했다. 이때 거북 한 마리가 나타났는데 거북의 등에 점이 배열된 무늬가 있었다. 사람들은 이 점들이 숫자를 나타낸다는 것을 알아내고 이것을 신기하게 여겼다. 그 뒤로 이 마방진이 널리 퍼져서 중요한 일을 결정하거나 사람들의 운을 점칠 때 사용하였다. 마방진은 서양으로 전해져 다양한 형태로 발달하였고 오늘날에도 이를 즐기고 있다.

08 이 글의 핵심 내용을 파악하여 빈칸에 들어갈 알맞은 말을 쓰시오.

{ 　□□□의 원리와 유래　 }

09 마방진에 대한 설명으로 알맞은 것은?　　[　✎　]

① 수를 중복해서 넣어도 된다.
② 수가 아닌 글자를 넣어도 된다.
③ 서양에서 중국으로 전해진 놀이이다.
④ 가로, 세로, 대각선에 있는 수의 합이 같다.
⑤ 옛날 중국에서 강의 범람을 막으려 사용했다.

10 가로와 세로가 3칸씩인 마방진이다. ㉮와 ㉯에 들어갈 알맞은 수를 쓰시오.

4	9	2
3	㉮	7
㉯	1	6

10

미래의 집

제어

| 절제하다 | 제 制 |
| 다스리다 | 어 御 |

기계나 장치가 목적에 알맞은 작용을 하도록 조절하다.

실현

| 실제로 하다 | 실 實 |
| 나타나다 | 현 現 |

꿈, 기대 따위를 실제로 이루다.

내 마음대로 제어할 수 있는 청소 로봇 발명! 꿈이 실현됐어.

작동

| 만들다 | 작 作 |
| 움직이다 | 동 動 |

기계 따위가 기능대로 움직이다. 또는 기계 따위를 움직이게 하다.

예고

| 미리 | 예 豫 |
| 알리다 | 고 告 |

미리 알리다.

어휘를 넓혀요

정답과 해설 15쪽

01 빈칸에 공통으로 들어갈 알맞은 어휘를 골라 ✔표를 하시오.

- 전원을 켜서 새로 산 컴퓨터를 [ ] .
- 손으로 버튼을 누르자 카메라가 [ ] .

☐ 예고하다　　　☐ 실현하다　　　☐ 작동하다　　　☐ 운영하다

02 밑줄 그은 어휘의 뜻에 맞는 말을 괄호 안에서 골라 ○표를 하시오.

컴퓨터 화면이 갑자기 꺼지면서 제어가 되지 않는다.

→ 뜻 기계나 장치가 (목적 | 수준)에 알맞은 작용을 하도록 (강조하다 | 조절하다).

03 밑줄 그은 말과 뜻이 비슷한 어휘를 골라 ✔표를 하시오.

소나기를 미리 알리는 검은 구름이 하늘에 가득하다.

☐ 선택하는　　　☐ 기대하는　　　☐ 대처하는　　　☐ 예고하는

04 빈칸에 들어갈 알맞은 어휘를 보기에서 골라 쓰시오.

보기
　　　　　실현　　　예고　　　제어

1 우리집 텔레비전은 리모콘으로 [ ] 할 수 있다.

2 며칠 전부터 [ ] 한 대로 음악 시험을 보겠습니다.

3 구체적으로 계획을 세웠기 때문에 내 꿈은 [ ] 될 것이다.

05 보기를 보고, [ ] 안에서 알맞은 어휘를 골라 ○표를 하시오.

> **보기**
>
> 알맞다 → 알맞는 (✕) 알맞은 (○)
>
> 걸맞다 → 걸맞는 (✕) 걸맞은 (○)
>
> '알맞다'와 '걸맞다'에는 '-는'을 붙이면 안 되고 '-은'을 붙여야 한다.

1 건강을 위해 자신에게 [알맞는 / 알맞은] 운동을 해야 한다.

2 그는 이 영화의 주인공 역할에 [걸맞는 / 걸맞은] 배우이다.

3 형은 학생 신분에 [알맞는 / 알맞은] 옷을 입고 나이에 [걸맞는 / 걸맞은] 표정으로 앉아 있다.

06 밑줄 그은 어휘를 바르게 고쳐 쓰시오.

1 선생님께서 <u>기게</u>를 작동시키셨다.

2 학생들이 컴퓨터로 <u>재어</u>하는 로봇을 개발했다.
↳ [ ][ ]

3 아무런 <u>얘고</u> 없이 우리 집에 손님들이 몰려들었다.
↳ [ ][ ]

07 밑줄 그은 속담의 뜻으로 알맞은 것은?

> 발명왕 토머스 에디슨은 전구에 빛이 들어오도록 하기 위해 1,200번이 넘는 실험을 하는 등 엄청난 노력을 했다. "하늘은 스스로 <u>돕는 자를 돕는다</u>"라는 말이 있듯이 그는 하루 종일 전구 실험에 몰두하여 마침내 자신의 꿈을 이루어냈다.

① 철없이 함부로 덤비다.
② 넓은 세상의 형편을 알지 못하다.
③ 꿈을 실현하기 위해서는 자신의 노력이 중요하다.
④ 훌륭한 사람일수록 남 앞에서 자기를 내세우지 않는다.
⑤ 일에는 순서가 있으니 아무리 급해도 순서대로 일해야 한다.

08~10 다음 글을 읽고, 물음에 답하시오. 사회 사회·문화

　가족끼리 식사를 하러 나갔는데 엄마가 갑자기 "가스 밸브를 안 잠그고 온 것 같아. 어떡하지?"라고 말하며 당황하는 상황을 떠올려 보자. 현재에는 충분히 있을 수 있는 일이지만, ㉠미래 사회에서는 이런 일이 일어나지 않을 것이다. 기술이 점점 발전하면서 스마트 홈 시대가 예고되고 있기 때문이다.

　스마트 홈(Smart Home)은 집안에 있는 모든 사물들이 네트워크로 연결되어 있어서, 스마트폰 등을 이용해 집 바깥에서도 집안의 기기를 작동하고 제어할 수 있는 집의 형태를 말한다. 스마트 홈 시대가 되면 외출해서 식사를 하면서도 집안에 있는 가스 밸브를 잠글 수 있고 전등도 끌 수 있다. 또 집안의 온도를 조절하거나 세탁기를 돌려 빨래를 해 놓을 수도 있다. 사물에 인터넷을 연결하는 기술과 사람의 목소리를 인식해 기계를 작동시키는 기술이 발달할수록 이러한 스마트 홈의 실현이 더욱 빨라질 것이다.

08 이 글의 핵심 내용을 파악하여 빈칸에 들어갈 알맞은 말을 쓰시오.

집안의 모든 사물이 네트워크로 연결되는 ☐☐☐ 홈

09 스마트 홈이 발달하는 데 도움이 되는 기술을 골라 그 기호를 쓰시오.

㉠ 사물에 인터넷을 연결하는 기술
㉡ 로봇이 의사를 도와 환자를 수술하는 기술
㉢ 환경을 오염하지 않는 에너지를 개발하는 기술
㉣ 사람의 목소리를 듣고 다른 나라의 언어로 바꾸어 해석하는 기술

[✎　　　]

10 ㉠의 이유로 알맞은 것은?

[✎　　　]

① 로봇이 사람의 일을 대신할 것이기 때문이다.
② 미래에는 가스를 사용하지 않을 것이기 때문이다.
③ 스마트폰으로 가족과 전화할 수 있을 것이기 때문이다.
④ 밖에서도 집안의 기기를 작동할 수 있을 것이기 때문이다.
⑤ 사람이 외출하면 전자 제품이 작동하지 않을 것이기 때문이다.

국어 쓰기

11 책을 읽고 써 봐요

동기

| 움직이다 | 동 | 動 |
| 기회 | 기 | 機 |

어떤 일이나 행동을 일으키게 하는 원인이나 기회

글쓴이가 이 책을 쓴 동기는 꿈이라고 해.

우아, 흥미진진한데.

흥미진진하다

흥겹다	흥	興
기분	미	味
넘치다	진	津
넘치다	진	津

넘쳐흐를 정도로 흥을 느끼는 재미가 많다.

내용 전개

이 책의 내용은 인물이 겪은 사건 순서대로 간략하게 정리할 수 있지.

두꺼운 책

전개

| 펴다 | 전 | 展 |
| 열다 | 개 | 開 |

내용을 진행하여 발전시키며 펴 나가다.

간략하다

| 적다 | 간 | 簡 |
| 대강 | 략 | 略 |

간단하고 짤막하다.

어휘를 넓혀요

정답과 해설 16쪽

01 빈칸에 들어갈 알맞은 어휘를 쓰시오.

이 동화는 암탉을 주인공으로 삼아 내용을 [ ][ ]하였다.

내용을 진행하여 발전시키며 펴 나가다.

02 빈칸에 공통으로 들어갈 알맞은 어휘를 골라 ✔표를 하시오.

• 영화가 [   ]해서 한시도 눈을 뗄 수 없었다.

• 이 소설은 매우 독특한 내용을 담고 있어 정말 [   ]하다.

☐ 지루   ☐ 시시   ☐ 흥미진진   ☐ 오밀조밀

03 다음 표에서 뜻이 비슷하거나 반대되는 어휘를 골라 ○표를 하시오.

1

동기

비슷한 뜻

| 원인 | 방법 | 순서 |

2

간략하다

반대의 뜻

| 단순하다 | 복잡하다 | 간단하다 |

04 '개(開)' 자가 들어간 보기 의 어휘 중 빈칸에 알맞은 어휘를 골라 쓰시오.

보기

개장(열다 開, 장소 場)   공개(드러내다 公, 열다 開)

1 겨울이 되면 눈썰매장이 [   ]을 한다.

극장이나 시장, 해수욕장 따위가 문을 열고 영업을 시작하다.

2 다음 주에 부모님들을 모시고 [   ] 수업을 하려고 합니다.

어떤 사실이나 사물, 내용 따위를 여러 사람에게 널리 터놓다.

어법+표현 다져요

05 보기를 보고, 빈칸에 들어갈 알맞은 어휘를 쓰시오.

> **보기**
>
> 넘치다 **+** 흐르다 **→** 넘쳐흐르다
> ↳ 느낌이나 기운이 가득 차서 넘치다.

1 [　　　　] **+** 나가다 **→** 빠져나가다
↳ 밖으로 나오거나 나가다.

2 흐르다 **+** [　　　　] **→** 흘러나오다
↳ 물, 빛 따위가 새거나 빠져서 밖으로 나오다.

3 몰리다 **+** 다니다 **→** [　　　　]
↳ 여럿이 떼를 지어 돌아다니다.

06 밑줄 그은 어휘를 바르게 고쳐 쓰시오.

1 친구는 귀찮다는 듯이 짧막하게 대답했다.
↳ ☐ ☐ ☐ ☐

2 친구가 전학을 오게 된 이야기를 갈략하게 들려주었다.
↳ ☐ ☐ ☐ ☐

07 보기의 말이 쓰인 문장으로 알맞지 <u>않은</u> 것은? [✏ 　　]

> **보기**
>
> **셀 수 없이** 　매우 많이 혹은 무수히
> 　　　　　　　예 선생님의 책장에는 셀 수 없이 많은 책이 꽂혀 있었다.

① <u>셀 수 없이</u> 많은 소들이 농장에 있다.
② 사막에는 <u>셀 수 없이</u> 많은 모래가 있다.
③ 밤하늘에는 <u>셀 수 없이</u> 많은 별들이 있었다.
④ 은수는 <u>셀 수 없이</u> 많은 날 동안 스스로 공부했다.
⑤ 그 물건은 <u>셀 수 없이</u> 많아서 구하기가 정말 어려웠다.

08~10 다음 글을 읽고, 물음에 답하시오. 국어 쓰기

책을 읽었지만 책의 내용이 생각나지 않았던 적이 있을 것이다. 이런 경우에 독서 감상문을 쓰면 책 내용을 오래 기억할 수 있고, 내가 읽은 책에 대한 기록을 남길 수 있다. 독서 감상문은 책을 읽은 후에 책의 내용을 정리하고 자신의 생각이나 느낌을 쓰는 글이다.

독서 감상문을 잘 쓰려면 어떻게 해야 할까? 독서 감상문을 쓸 때는 먼저 그 책을 읽게 된 동기를 밝히는 것이 좋다. 이어서 책의 내용을 간략하게 정리한다. 감상문은 책의 종류에 따라 글을 전개하는 방법이 달라진다. 동화책처럼 이야기가 있는 책은 사건의 순서에 따라 줄거리를 간단히 정리한다. 어떤 대상을 설명한 책은 설명 대상과 내용을 정리하고, 주장을 담은 책은 주장과 함께 글쓴이가 제시한 근거를 정리한다. 또한 자신이 책에서 흥미진진하게 읽었던 부분이나 책을 읽으면서 느낀 점을 밝혀 쓰는 것이 좋다.

08 이 글의 핵심 내용을 파악하여 빈칸에 들어갈 알맞은 말을 쓰시오.

{ ☐☐☐☐☐을 쓰는 방법 }

09 독서 감상문에 대한 설명으로 알맞은 것은? [✎   ]

① 책을 읽은 뒤 책에 대해 적은 글
② 책을 읽기 전 책에 대한 정보를 조사한 글
③ 책을 읽기 전 작가에 대해 파악하여 쓴 글
④ 책을 읽는 도중에 생긴 질문과 답을 메모한 글
⑤ 책을 읽은 뒤 비슷한 내용을 다룬 책들을 정리한 글

10 독서 감상문을 쓰는 방법으로 알맞지 **않은** 것은? [✎   ]

① 이야기가 있는 책은 줄거리를 정리한다.
② 자신이 그 책을 읽게 된 동기를 밝혀 쓴다.
③ 자신이 책에서 재미있게 읽었던 부분을 밝혀 쓴다.
④ 자신의 생각이나 느낌은 빼고 책의 내용만을 쓴다.
⑤ 대상을 설명한 책은 설명 대상과 내용을 정리한다.

과학 생물

12 왜 사라질까

무분별

없다	무	無
구별하다	분	分
다르다	별	別

바른 생각이나 판단을 할 줄 모르다.

서식지

살다	서	棲
숨쉬다	식	息
땅	지	地

생물 따위가 일정한 곳에 자리를 잡고 사는 곳

동물들의 서식지인 숲

무분별하게 나무를 잘라서 우리들이 사라질 위기에 처했어.

멸종 위기 동물들

처하다

있다	처	處

어떤 형편이나 처지에 놓이다.

멸종

없어지다	멸	滅
씨	종	種

생물의 한 종류가 아주 없어지다. 또는 생물의 한 종류를 아주 없애 버리다.

01 밑줄 그은 어휘와 뜻이 비슷하지 <u>않은</u> 어휘를 골라 ✓표를 하시오.

> 영지: 진정한 친구는 누구일까?
> 수호: 진정한 친구는 어려운 형편에 <u>처했을</u> 때 나를 도와주는 사람이야.

☐ 놓였을   ☐ 빠졌을   ☐ 벗어났을   ☐ 맞닥뜨렸을

02 밑줄 그은 어휘 중 쓰임이 알맞지 <u>않은</u> 것을 골라 ✓표를 하시오.

☐ 한곳에 <u>무분별하게</u> 공장을 많이 세워서 공기가 오염되었다.

☐ 경기 중에 상대 선수를 배려하는 그 선수의 모습이 <u>무분별하다</u>.

☐ 선거의 후보자들이 지키지 못할 <u>무분별한</u> 약속을 하며 뽑아 달라고 한다.

03 빈칸에 들어갈 알맞은 어휘를 보기에서 골라 쓰시오.

> **보기**
>
> 멸종   무분별   서식지

1 숲이 사라지면서 부엉이의 [   ]가 없어지고 있다.

2 [   ]한 외국어 사용으로 우리말이 오염되고 있다.

3 몇몇 학자들은 공룡이 운석 때문에 [   ]했다고 주장한다.

04 빈칸에 '땅 지(地)' 자가 들어간 어휘를 쓰시오.

1 [지][ ]에 있는 물을 땅 위로 퍼올려 농사 짓는 데 쓴다.

땅속이나 땅 아래의 공간

2 [지][ ]는 1년에 한 바퀴씩 태양을 중심으로 돈다.

인류가 살고 있는 행성

05 [보기]를 보고, 빈칸에 들어갈 알맞은 어휘를 쓰시오.

[보기]

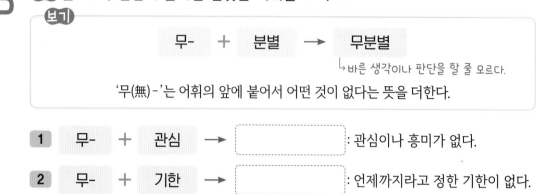

무- + 분별 → 무분별
↳ 바른 생각이나 판단을 할 줄 모르다.

'무(無)-'는 어휘의 앞에 붙어서 어떤 것이 없다는 뜻을 더한다.

1 무- + 관심 → [   ] : 관심이나 흥미가 없다.

2 무- + 기한 → [   ] : 언제까지라고 정한 기한이 없다.

06 [보기]를 보고, 밑줄 그은 부분에 쓸 수 있는 말을 골라 ✓표를 하시오.

[보기]

동생과 동물원에서 동물들을 구경했다. 동생은 원숭이가 좋았는지 원숭이 앞에 멈춰 섰다. 그러더니 _____ 앉아 원숭이를 계속 관찰했다.

☐ 자리에 눕다
누워서 병을 앓다.

☐ 자리가 잡히다
서투르던 것이 익숙해 지다.

☐ 자리를 잡다
일정한 지위나 공간을 차지하다.

07 [보기]의 한자 성어를 사용할 상황으로 알맞은 것은? [✎   ]

[보기]

동병상련 동(同) 같다 병(病) 병 상(相) 서로 련(憐) 불쌍히 여기다

같은 병을 앓는 사람끼리 서로 가엾게 여긴다는 뜻이다. 어려운 상황에 처한 사람끼리 서로 불쌍하고 딱하게 여긴다는 의미의 한자 성어이다.

① 텔레비전을 보던 동생이 크게 웃는 상황
② 선생님의 질문에 호수가 엉뚱한 대답을 한 상황
③ 팔을 다친 준희가 다리를 다친 수지를 걱정해 주는 상황
④ 자신을 도와준 지수에게 준영이가 오히려 화를 내는 상황
⑤ 지웅이가 친구의 말에 따라 이랬다저랬다 생각을 바꾸는 상황

08~10 다음 글을 읽고, 물음에 답하시오. 과학 생물

　수달, 반달가슴곰, 벵골 호랑이, 북극곰의 공통점은 바로 멸종 위기에 놓인 동물이라는 것이다. 현재 지구에 살고 있는 동물 중에서 많은 수가 앞으로 20~30년 사이에 사라질 위험에 처해 있다. 동물들이 멸종 위기에 처한 것은 사람의 탓이 크다. 인구가 늘어나면서 사람들은 자연을 무분별하게 개발하여 동물들의 서식지를 파괴했다. 개발을 하면서 환경을 오염시켜 동물들이 병들어 죽어가기도 했다. 뿐만 아니라 어떤 동물들을 지나치게 많이 사냥하여 그 동물의 수가 얼마 남지 않은 경우도 있다.

　지구에 사는 모든 생물은 서로 영향을 주고받으며 살아간다. 한 생물이 사라지면 다른 생물도 영향을 받을 수밖에 없다. 그렇기 때문에 세계 여러 나라에서는 멸종 위기에 처한 생물을 보호하는 법을 만들고 이를 지키고 있다. 우리나라에서도 1급과 2급으로 나누어 멸종 위기의 동식물을 지정하고, 이 동식물들을 보호하고 있다.

08 이 글의 핵심 내용을 파악하여 빈칸에 들어갈 알맞은 말을 쓰시오.

{ 동물이 [　][　]하는 이유와 이를 막기 위한 노력 }

09 동물들이 멸종하는 이유로 알맞지 <u>않은</u> 것은?　[✎　]

① 환경 오염　　　　　　② 자연 보호
③ 다른 생물의 멸종　　　④ 무분별한 동물 사냥
⑤ 동물들의 서식지 파괴

10 동물의 멸종을 막기 위한 노력으로 알맞지 <u>않은</u> 것은?　[✎　]

① 멸종 위기 동물의 사냥을 금지한다.
② 다른 동물을 해치는 동물을 없앤다.
③ 환경을 오염시키지 않도록 노력한다.
④ 자연을 무분별하게 개발하지 않는다.
⑤ 멸종 위기의 동물을 보호하는 법을 만든다.

13

사회 역사

처음으로 세운 나라

조상 숭배

시조

| 처음 | 시 | 始 |
| 조상 | 조 | 祖 |

한 겨레나 대대로 이어 내려 온 한집안의 맨 처음이 되는 조상

숭배

| 높이다 | 숭 | 崇 |
| 공경하다 | 배 | 拜 |

우러러 공경하다.

우리 집안의 시조는 고려 때 분이시지.

우리나라에서 주관한 대회에서 우승했어.

시   련

주관

| 책임지다 | 주 | 主 |
| 맡다 | 관 | 管 |

어떤 일을 책임을 지고 맡아 관리하다.

시련

| 시험하다 | 시 | 試 |
| 단련하다 | 련 | 鍊 |

겪기 어려운 일이나 고비

01 빈칸에 공통으로 들어갈 알맞은 어휘에 ✓표를 하시오.

소희: 우리 민족의 [   ]가 누구인지 알아?

서빈: 우리 민족의 [   ]는 단군이야. 단군이 제일 처음 나라를 세웠어.

☐ 시기   ☐ 시조   ☐ 시비   ☐ 시구

02 밑줄 그은 어휘의 뜻에 맞는 말을 괄호 안에서 골라 ○표를 하시오.

언니는 한 신문사가 주관한 글짓기 대회에서 대상을 받았다.

→ 뜻 어떤 일을 (책임 | 주장)을 지고 맡아 (관리하다 | 계승하다).

03 빈칸에 '시련'을 쓸 수 없는 문장의 기호를 쓰시오.

㉠ 그 선수는 [   ]을 극복하고 국가 대표가 되었다.

㉡ 소유는 [   ]을 겪으면서도 목표를 향해 나아갔다.

㉢ 현수는 모든 일에 [   ]이 많아 친구들이 좋아하지 않는다.

㉣ 우리 모둠은 준비한 자료가 모두 사라지면서 [   ]에 부딪혔다.

[✐   ]

04 밑줄 그은 말과 뜻이 비슷한 어휘를 골라 ○표를 하시오.

우리들은 독립 운동가들의 고귀한 정신을 숭배한다.
↳ 존경한다 | 창조한다 | 강조한다

어법+표현 다져요

05 밑줄 그은 어휘의 뜻을 보기에서 골라 그 기호를 쓰시오.

보기

맡다

㉠ 어떤 일에 대한 책임을 지고 담당하다.
　　예 이번 연극에서 내가 주인공 역할을 맡았다.
㉡ 어떤 물건을 받아 보관하다.
　　예 나는 형의 가방을 맡았다.
㉢ 자리나 물건 따위를 차지하다.
　　예 언니는 일찍부터 줄을 서서 공연장 맨 앞자리를 맡았다.

1 친구가 잠깐 내 짐을 맡았다. (　　　　)

2 지효가 이번 학기 우리 반 회장을 맡았다. (　　　　)

3 우리 반 친구들은 버스를 타자마자 앉을 자리를 맡았다. (　　　　)

06 밑줄 그은 말의 뜻으로 알맞은 것에 ✓표를 하시오.

　아저씨는 무거운 짐을 들고 높은 언덕을 올라와서야 한숨을 돌렸다. 앞으로는 내리막 길이라서 힘이 덜 들 것이었다.

☐ 들었던 말이 기억나거나 떠오르다.
☐ 힘겨운 고비를 넘기고 좀 여유를 갖다.
☐ 몸을 움직일 수 없거나 활동할 수 없는 형편이 되다.

07 밑줄 그은 부분에 들어갈 속담으로 알맞은 것은? ［✏　　　］

　주호: 오늘 진기랑 축구를 하다가 말다툼을 해서 너무 속상해요.
　아빠: 내일 진기에게 먼저 미안하다고 하고, 네가 서운했던 점을 이야기해 봐.
　　　　"＿＿＿＿＿＿＿＿＿＿＿＿"라는 말이 있듯이 화해하고 서로 이해하면 더
　　　　친해질 수 있단다.

① 시작이 반이다
② 빈 수레가 요란하다
③ 아니 땐 굴뚝에 연기 날까
④ 비 온 뒤에 땅이 굳어진다
⑤ 똥 묻은 개가 겨 묻은 개 나무란다

08~10 다음 글을 읽고, 물음에 답하시오.

사회 역사

단군왕검은 우리나라 최초의 국가인 고조선을 세운 시조이다. 하늘을 다스리는 환인의 아들 환웅은 인간 세상을 다스리는 데 관심이 많았다. 그래서 그는 청동으로 만든 물건을 가지고, ㉠바람, 비, 구름을 다스리는 세 신하와 함께 땅으로 내려왔다. 어느 날 곰과 호랑이가 찾아와 사람이 되기를 원하자, 환웅은 곰과 호랑이에게 쑥과 마늘을 먹으며 백 일 동안 빛을 보지 말라고 했다. 시련을 견딘 곰은 여자로 변하여 환웅과 결혼해 아이를 낳았는데, 그 아이가 바로 단군왕검이다.

이 이야기에서 환웅이 여자가 된 곰과 결혼한 것은 환웅의 부족이 곰을 섬기는 부족과 힘을 합했음을 뜻한다. 환웅이 청동 물건과 바람, 비, 구름 같은 날씨를 주관하는 신하를 데리고 온 데서 청동기 문화가 발달했고 농사를 중요하게 생각한 사회였다는 것도 알 수 있다. 이처럼 단군왕검 이야기는 단군을 숭배하도록 만들기 위한 이야기이지만, 그 속에는 고조선을 세울 당시의 사회 모습이 담겨 있다.

08 이 글의 핵심 내용을 파악하여 빈칸에 들어갈 알맞은 말을 쓰시오.

{ ☐☐☐☐ 이야기에 나타난 사회의 모습 }

09 단군왕검 이야기의 내용으로 알맞은 것은? [✎]

① 환웅은 하늘을 다스리는 신이었다.
② 단군이 환웅과 싸워 고조선을 빼앗았다.
③ 환웅은 호랑이를 섬기는 부족과 힘을 합했다.
④ 곰이 변한 여자와 환웅 사이에서 단군이 태어났다.
⑤ 곰과 호랑이는 둘 다 시련을 이겨 내고 사람이 되었다.

10 ㉠에서 알 수 있는 고조선의 사회 모습으로 알맞은 것은? [✎]

① 건강을 중요시했다.   ② 동물을 중요시했다.
③ 농사를 중요시했다.   ④ 제사를 중요시했다.
⑤ 강한 군대를 중요시했다.

과학 지구

14 물의 여행

컵의 표면에
물방울이 맺혔네.

표면

| 겉 | 표 | 表 |
| 모양 | 면 | 面 |

사물의 가장 바깥쪽. 또는
가장 윗부분

맺히다

물방울이나 땀방울 따위가
생겨 매달리게 되다.

물이 증발하고 있네.

증발

| 김이 오르다 | 증 | 蒸 |
| 나타나다 | 발 | 發 |

어떤 물질이 액체 상태에서
기체 상태로 변하게 되다.

흩어지다

한데 모였던 것이 따로따로
떨어지거나 사방으로 퍼지
다.

고여 있던 물이
흩어졌어.

정답과 해설 19쪽

01 빈칸에 공통으로 들어갈 알맞은 어휘를 쓰시오.

- 선인장의 가시는 물의 〔 〕〔 〕을 막기 위해 잎이 변한 것이다.
- 그릇에 담겨 있던 물이 공기 중으로 〔 〕〔 〕하여 거의 없어졌다.

02 다음 표에서 뜻이 비슷하거나 반대되는 어휘를 골라 ○표를 하시오.

1

표면

비슷한 뜻

| 내면 | 정면 | 겉면 |

2

흩어지다

반대의 뜻

| 모이다 | 퍼지다 | 헤어지다 |

03 밑줄 그은 부분과 뜻이 비슷한 어휘로 알맞은 것은? 〔✎ 〕

운동을 하는 아빠의 이마에 땀방울이 <u>매달려 있었다.</u>

① 날렸다
② 맺혔다
③ 떨어졌다
④ 붙잡혔다
⑤ 기다렸다

04 빈칸에 '흩어지다'를 쓸 수 <u>없는</u> 문장의 기호를 쓰시오.

㉠ 우리는 술래를 피해 뿔뿔이 〔 〕.

㉡ 필통에서 떨어진 연필들이 여기저기 〔 〕.

㉢ 우리들은 만나기로 약속한 장소에서 〔 〕.

㉣ 마구간의 문을 열자 말들이 사방으로 〔 〕.

〔✎ 〕

어법+표현 다져요

05 밑줄 그은 어휘의 뜻을 **보기**에서 골라 그 기호를 쓰시오.

보기

맺히다

㉠ 물방울이나 땀방울 따위가 생겨 매달리게 되다.
　예 운동장을 뛰었더니 이마에 땀이 맺혔다.
㉡ 열매나 꽃망울 따위가 생겨나거나 그것이 이루어지다.
　예 공원에 있는 장미에 꽃망울이 맺혔다.

1 날씨가 더워 콧등에 땀방울이 <u>맺혔다</u>. (　　　　)

2 가을이 되자 사과나무에 열매가 <u>맺혔다</u>. (　　　　)

3 슬픈 영화를 보고 동생의 눈에 눈물이 <u>맺혔다</u>. (　　　　)

06 빈칸에 들어갈 알맞은 어휘를 **보기**에서 골라 쓰시오.

보기
　　　　　　액체　　　기체　　　고체

- 물은 투명하고 담는 그릇에 따라 모양이 변하는 성질이 있는 **①** [　　　　] 이다.

- 물이 끓을 때 생기는 수증기는 액체 상태였던 물이 **②** [　　　　] 로 변한 것이다.

- 물을 얼린 얼음은 일정한 모양이 있고 단단한 **③** [　　　　] 상태의 물이다.

07 밑줄 그은 부분에 들어갈 속담으로 알맞은 것은?　　　[✐　　　]

　　내가 읽은 동화에는 한 신하가 나온다. 이 사람은 겉으로는 왕을 떠받들며 왕에게 충성하는 척한다. 하지만 속으로는 왕을 싫어하여 왕을 없앨 계획을 꾸미고 있었다. 나는 이 신하의 모습에서 "＿＿＿＿＿＿＿＿＿＿＿"라는 속담이 이런 모습이라는 것을 알게 되었다.

① 땅 짚고 헤엄치기
② 마른 하늘에 날벼락
③ 겉 다르고 속 다르다
④ 같은 값이면 다홍치마
⑤ 벼는 익을수록 고개를 숙인다

08~10 다음 글을 읽고, 물음에 답하시오. 과학 지구

지구는 표면의 71퍼센트가 물로 덮여 있다. 지구의 물은 호수나 강 등 다양한 곳에 있지만 대부분은 바다에 있다. 바닷물이 뜨거운 태양열을 받아 데워지면 그 중 일부가 증발되어 수증기로 변해 공기 중에 흩어진다. 하늘 높이 올라간 수증기는 아주 작은 물방울로 맺혀서 구름이 되고, 구름이 커지면 비나 눈이 되어 땅으로 떨어진다. 땅으로 떨어진 물은 땅속으로 스며들거나 다시 강과 바다로 흘러간다.

이렇게 물이 바다에서 공기 중으로, 공기 중에서 땅으로, 땅에서 다시 바다로 돌고 도는 과정을 물의 순환이라고 한다. 물의 순환은 액체, 기체, 고체와 같이 여러 상태로 변할 수 있는 물의 특성 때문에 나타난다. 이렇게 물이 순환할 때 물의 상태는 변하지만 지구 전체 물의 양은 변하지 않는다.

08 이 글의 핵심 내용을 파악하여 빈칸에 들어갈 알맞은 말을 쓰시오.

지구 안에서 돌고 도는 [ ]의 순환

09 이 글의 내용으로 알맞은 것은? [✎]

① 물이 증발하면 기체가 된다.
② 지구의 물 대부분은 강에 있다.
③ 태양열이 없어도 바닷물은 증발한다.
④ 구름의 물방울이 모여 수증기가 된다.
⑤ 지구 전체에 있는 물의 양은 계속 늘어난다.

10 다음은 물의 순환 과정이다. ㉠~㉣ 중 다음 설명에 맞는 과정을 골라 그 기호를 쓰시오.

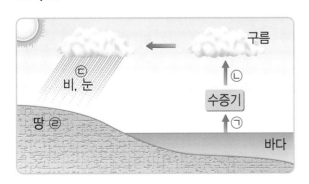

수증기가 아주 작은 물방울로 맺혀 구름이 된다.

[✎]

수학 도형

15 삼각형의 힘

구조

얽다	구	構
짓다	조	造

부분이나 성분이 어떤 전체를 짜 이룸. 또는 그렇게 이루어진 짜임새

안정

편안하다	안	安
정하다	정	定

바뀌어 달라지지 않고 일정한 상태를 유지하다.

저 다리는 삼각형 구조라 안정되어 있어.

그래서 막대한 무게를 견딜 수 있어.

막대하다

없다	막	莫
크다	대	大

더할 수 없을 만큼 많거나 크다.

견디다

원래의 상태나 형태를 잘 유지하다.

01 밑줄 그은 어휘의 뜻으로 알맞은 어휘를 괄호 안에서 골라 ○표를 하시오.

> 자동차는 <u>구조</u>가 복잡해서 기술자만 고칠 수 있다.

→ 뜻 부분이나 성분이 어떤 (전체 ┊ 정도)를 짜서 이루어진 짜임새

02 밑줄 그은 말과 뜻이 비슷한 어휘를 골라 ✓표를 하시오.

> 그 나무는 태풍에도 부러지지 않고 계속 <u>버티었다</u>.

☐ 알렸다 ☐ 견뎠다 ☐ 휩쓸렸다 ☐ 이어받았다

03 밑줄 그은 어휘와 뜻이 비슷한 어휘가 <u>아닌</u> 것을 골라 ✓표를 하시오.

> 많은 비가 내려 농부들이 <u>막대한</u> 피해를 입었다.

☐ 많은 ☐ 이상한 ☐ 엄청난 ☐ 어마어마한

04 빈칸에 들어갈 알맞은 어휘를 보기에서 골라 쓰시오.

> 보기
>
> 안정   구조   견디다   막대하다

1 책상 다리가 책의 무게를 [   ].

2 흔들리던 비행기가 [   ]을 찾았다.

3 그 일을 하면 우리가 얻는 이익이 [   ].

4 각 나라의 날씨에 따라 집의 [   ]가 다르다.

05 밑줄 그은 어휘의 뜻을 보기에서 골라 그 기호를 쓰시오.

> **보기**
>
> 구조
>
> ㉠ 재난 따위를 당하여 어려운 처지에 빠진 사람을 구하여 주다.
> > 예 물에 빠진 사람들이 지나가던 배에 구조를 요청했다.
> ㉡ 부분이나 성분이 어떤 전체를 짜 이룸. 또는 그렇게 이루어진 짜임새
> > 예 오늘은 컴퓨터의 구조가 어떻게 되어 있는지 배웠다.

1 이 시계는 <u>구조</u>가 간단하여 고장이 잘 안 난다. (   )

2 소방관들이 불이 난 건물에 들어가 사람들을 <u>구조</u>했다. (   )

06 보기를 보고, 빈칸에 들어갈 알맞은 어휘를 쓰시오.

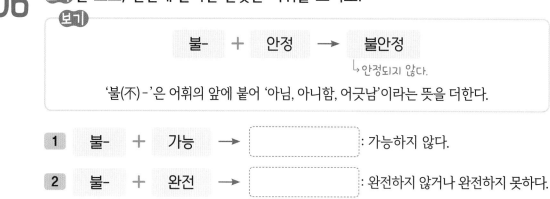

> **보기**
>
> 불- + 안정 → 불안정
> > ↳ 안정되지 않다.
>
> '불(不)-'은 어휘의 앞에 붙어 '아님, 아니함, 어긋남'이라는 뜻을 더한다.

1 불- + 가능 → [   ] : 가능하지 않다.

2 불- + 완전 → [   ] : 완전하지 않거나 완전하지 못하다.

07 밑줄 그은 부분에 들어갈 내용으로 알맞은 것에 ✓표를 하시오.

> 다다익선   다(多) 많다 다(多) 많다 익(益) 더하다 선(善) 좋다
>
> 중국 한나라의 왕이 신하들에게 자신이 어느 정도의 병사를 거느릴 수 있겠느냐고 물었다. 한신이라는 신하가 나서서 왕은 십 만 명 정도의 병사를 거느릴 수 있다고 대답했다. 그러자 왕은 한신에게 병사를 얼마나 거느릴 수 있는지 물었다. 한신은 자신은 병사의 수가 많을수록 잘 지휘할 수 있다고 대답했다. 이 한자 성어는 한신의 말에서 유래되어 '_____'라는 뜻을 지닌다.

☐ 처음과 끝이 같다.

☐ 많으면 많을수록 더욱 좋다.

☐ 불을 보듯 분명하고 뻔하다.

08~10 다음 글을 읽고, 물음에 답하시오.　　수학 도형

　카메라를 올려 두는 삼각대는 왜 다리가 네 개나 다섯 개가 아닌 세 개일까? 그것은 어떤 모양의 삼각형이라도 세 꼭짓점을 지나는 원을 그릴 수 있기 때문이다. 다리가 세 개 있고, 다리 세 개가 바닥과 닿기만 한다면 울퉁불퉁한 땅이라도 원처럼 평평한 평면 위에 물건을 세우는 것과 같다. 또 삼각형은 세 변의 길이가 정해지면 모양이 변하지 않는다. 이처럼 삼각형은 안정을 유지하는 도형이다. 그래서 막대한 무게를 견뎌야 하는 건물과 다리에서 삼각형 구조를 찾아볼 수 있다. 파리의 에펠탑이나 이집트의 피라미드가 오랫동안 튼튼하게 서 있는 것도 외부의 힘을 잘 견디는 삼각형 구조를 이용해서 지어졌기 때문이다.

08 이 글의 핵심 내용을 파악하여 빈칸에 들어갈 알맞은 말을 쓰시오.

{ □□□ 구조의 안정성 }

09 이 글의 내용으로 알맞지 <u>않은</u> 것은?　[✐　]

① 삼각형은 안정적인 도형이다.
② 삼각형 구조는 외부의 힘을 잘 견디지 못한다.
③ 삼각형의 세 꼭짓점을 지나는 원을 그릴 수 있다.
④ 건물이나 다리에서 삼각형 구조를 찾아볼 수 있다.
⑤ 삼각형은 세 변의 길이가 정해지면 모양이 변하지 않는다.

10 이 글에서 빈칸에 들어갈 알맞은 예를 찾아 쓰시오.

삼각형 구조를 이용한 건축물 → [　　　　] , 피라미드

16

국어 **말하기**

칭찬합시다

잠재

잠기다	잠	潛
있다	재	在

겉으로 드러나지 않고 속에 잠겨 있거나 숨어 있다.

두루뭉술하다

말이나 행동 따위가 꼼꼼하거나 분명하지 않다.

저에게 잠재된 실력을 충분히 발휘했습니다.

실력이 좀 부족한데.
아니 그렇다고
나쁘다는 것은 아닌데...
그렇다고 좋은 것도 아니고...

공연이 보잘것없어.

관객들이 박수에 인색하네.

보잘것없다

볼만한 가치가 없을 정도로 하찮다.

인색

아끼다	인	吝
아끼다	색	嗇

어떤 일을 하는 데 대하여 너그럽지 않고 지나치게 차갑다.

어휘를 넓혀요

01 밑줄 그은 말과 뜻이 비슷한 어휘를 빈칸에 쓰시오.

1 이 인형은 크기가 작고 <u>볼 가치가 없을 정도로 하찮다.</u>

↳ ☐☐☐☐☐

2 모든 어린이에게는 <u>겉에 드러나지 않고 숨어 있는</u> 재능이 있다.

↳ ☐☐된

02 밑줄 그은 어휘가 어떤 뜻으로 쓰였는지 알맞게 선으로 이으시오.

1 그는 웃음에 <u>인색한</u> 사람이어서 잘 웃지 않는다. ·

· ㉠ 돈을 아끼는 태도가 지나치다.

2 그는 굉장한 부자인데도 돈에 <u>인색하여</u> 아무에게도 베풀지 않는다. ·

· ㉡ 어떤 일을 하는 데 대하여 너그럽지 않고 지나치게 차갑다.

03 밑줄 그은 말과 뜻이 비슷한 어휘를 골라 ✔표를 하시오.

서준: 소미야, 어제 일은 나도 조금 잘못한 것 같아.
소미: 무엇을 잘못했는데?
서준: 꼭 그렇게 정확하게 말해야 해? 내가 잘못한 것 같다고 했잖아.
소미: <u>분명하지 않게</u> 말하고 얼버무리면 진정한 사과가 아니야.

☐ 생생하게 ☐ 깐깐하게 ☐ 자연스럽게 ☐ 두루뭉술하게

04 밑줄 그은 어휘와 뜻이 비슷한 어휘를 골라 ✔표를 하시오.

이렇게 <u>보잘것없는</u> 물건을 기쁘게 받아 주니 정말 고맙군요.

☐ 관계없는 ☐ 변함없는 ☐ 볼품없는 ☐ 틀림없는

어법+표현 다져요

05 보기를 보고, 괄호 안에서 알맞은 어휘를 골라 ○표를 하시오.

보기

어떤	주어진 여러 사물 중 대상으로 삼는 것이 무엇인지 물을 때 쓰는 말
	예 둘 중에서 너는 어떤 옷이 마음에 드니?
무슨	무엇인지 모르는 일이나 대상, 물건 따위를 물을 때 쓰는 말
	예 무슨 생각을 하고 있니?

1 잠깐만, 이게 (무슨 | 어떤) 냄새지?

2 저기 있는 장난감 중 (무슨 | 어떤) 장난감이 네 것이니?

3 숫자 일부터 십 중에서 너는 (무슨 | 어떤) 숫자를 좋아하니?

06 밑줄 그은 부분에 들어갈 말로 알맞은 것을 골라 ✓표를 하시오

동생은 엄마가 골라 주신 옷은 싫다고 하고는 자신이 고른 옷을 입겠다고 떼를 썼다. 내가 보기에는 엄마가 골라 준 옷이 훨씬 예쁘다. _____ 이라 더니 동생이 보기에 그 옷이 더 예쁘다고 하니 어쩔 수 없다.

☐ 눈 깜짝할 사이

매우 짧은 순간

☐ 제 눈에 안경

보잘것없는 물건이라 도 자기 마음에 들면 좋 게 보인다.

☐ 쥐도 새도 모르게

감쪽같이 행동하거나 처리하여 아무도 어찌되 었는지 모르게 하다.

07 밑줄 그은 부분에 다음 한자 성어를 쓸 수 있는 문장을 골라 ✓표를 하시오.

우유부단   우(優) 부드럽다   유(柔) 부드럽다   부(不) 아니다   단(斷) 끊다

너무 부드러워서 끊지 못한다는 뜻으로, 망설이기만 하고 판단을 내리지 못하는 태도 를 뜻한다.

☐ 아무리 좋은 음식도 많이 먹으면 _____ 이다.

☐ _____ 하는 태도로 상대방의 기분을 먼저 생각하다.

☐ 결정을 잘 못하는 것으로 보아 민지는 _____ 한 성격이다.

08~10 다음 글을 읽고, 물음에 답하시오. 국어 말하기

'피그말리온 효과'는 조각상과 사랑에 빠진 피그말리온이 간절히 기도하자 조각상이 진짜 사람으로 변했다는 그리스 신화에서 나온 말이다. 피그말리온 효과는 무엇인가를 기대하면 그 기대 때문에 좋은 방향으로 변하는 것을 뜻한다. 우리가 일상생활에서 경험할 수 있는 피그말리온 효과로 '칭찬'이 있다. 칭찬하는 말에 잠재된 효과는 우리의 생각보다 훨씬 크다. 칭찬을 받으면 자신감이 생기고 더 열심히 노력하게 된다.

칭찬을 할 때에는 두루뭉술하게 말하지 말고 구체적으로 칭찬 내용을 말하고, 결과를 얻기까지 노력한 점을 칭찬하는 것이 좋다. 어려운 문제를 푼 친구에게 '넌 참 머리가 좋구나.'라고 말하기보다 '꾸준히 공부하니까 이렇게 잘하는구나.'라고 칭찬하는 것이다. 우리는 칭찬 받기를 좋아하면서도 칭찬하는 데는 인색하다. 앞으로 일상에서 일어난 작고 보잘것없는 일에 대해서도 서로 칭찬을 해 보자. 우리가 한 일이 멋지고 훌륭하게 느껴질 것이다.

08 이 글의 핵심 내용을 파악하여 빈칸에 들어갈 알맞은 말을 쓰시오.

{ ☐☐ 의 효과와 칭찬하는 방법 }

09 칭찬의 효과를 다음과 같이 정리할 때, 빈칸에 들어갈 알맞은 어휘를 쓰시오.

칭찬의 효과 → ☐☐☐ 이 생김. + 더 열심히 노력하게 됨.

10 칭찬을 하는 방법으로 알맞지 <u>않은</u> 것은? [✎]

① 결과에 대해서만 칭찬한다.
② 작은 일에 대해서도 칭찬한다.
③ 상대방이 노력한 점을 칭찬한다.
④ 구체적으로 칭찬하는 내용을 말한다.
⑤ 칭찬하는 말을 하는 데 인색하게 굴지 않는다.

사회 경제

기업이 경쟁하는 까닭

저렴하다

| 싸다 | 저 低 |
| 검소하다 | 렴 廉 |

물건 따위의 값이 싸다.

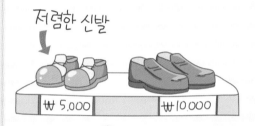

저렴한 신발

₩ 5,000   ₩ 10,000

신발이 잘 찢어지지 않도록
튼튼하게 개선했어.

개선

| 고치다 | 개 改 |
| 좋다 | 선 善 |

잘못되거나 부족한 것, 나쁜 것 따위를 고쳐 더 좋게 만든다.

너무 열심히
뛰었더니 후유증으로
다리가 아파.

경쟁

| 다투다 | 경 競 |
| 다투다 | 쟁 爭 |

같은 목적에 대하여 이기거나 앞서려고 서로 겨루다.

후유증

뒤	후 後
남기다	유 遺
증상	증 症

어떤 일을 치르고 난 뒤에 생긴 부작용

어휘를 넓혀요

01 빈칸에 들어갈 알맞은 어휘를 쓰시오.

1 ⬚⬚ 하게 산 바지가 금세 찢어져버렸다.

　물건 따위의 값이 싸다.

2 무분별한 개발의 ⬚⬚⬚ 으로 동물들이 고통을 겪고 있다.

　어떤 일을 치르고 난 뒤에 생긴 부작용

02 밑줄 그은 어휘의 뜻에 맞는 말을 괄호 안에서 골라 ○표를 하시오.

선생님들의 노력으로 학교의 시설이 <u>개선</u>되었다.

→ 뜻 잘못된 것이나 부족한 것, (좋은 것 | 나쁜 것) 따위를 고쳐 더 (좋게 | 나쁘게) 만들다.

03 다음 표에서 뜻이 비슷한 어휘를 골라 ○표를 하시오.

1 개선하다 — 비슷한 뜻 — 고치다 | 사용하다 | 부족하다

2 경쟁하다 — 비슷한 뜻 — 겨루다 | 경험하다 | 뒤처지다

04 빈칸에 '뒤 후(後)' 자가 들어간 어휘를 쓰시오.

1 그 약은 ⬚ 후 에 세 알씩 먹어야 효과가 있다.

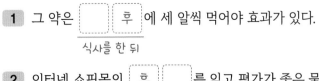

　식사를 한 뒤

2 인터넷 쇼핑몰의 후 ⬚ 를 읽고 평가가 좋은 물건을 샀다.

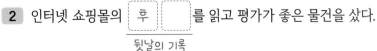

　뒷날의 기록

어법+표현 다져요

05

보기와 같은 관계의 어휘들이 <u>아닌</u> 것은?　[✎　　　]

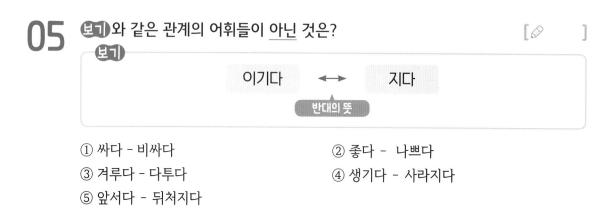

보기

이기다 ↔ 지다

반대의 뜻

① 싸다 - 비싸다
② 좋다 - 나쁘다
③ 겨루다 - 다투다
④ 생기다 - 사라지다
⑤ 앞서다 - 뒤처지다

06

보기를 보고, 빈칸에 들어갈 알맞은 어휘를 쓰시오.

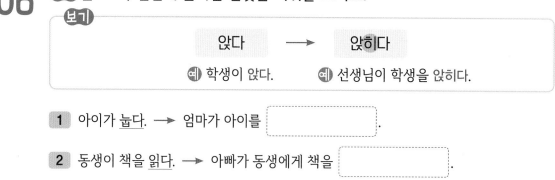

보기

앉다 → 앉히다

예 학생이 앉다.　예 선생님이 학생을 앉히다.

1 아이가 눕다. → 엄마가 아이를 [　　　　　].

2 동생이 책을 읽다. → 아빠가 동생에게 책을 [　　　　　].

07

보기의 한자 성어를 사용할 상황으로 알맞지 <u>않은</u> 것은?　[✎　　　]

보기

어부지리　　어(漁) 고기 잡다 부(父) 아버지 지(之) ~의 리(利) 이롭다

　조개와 새가 서로 싸우다가 그 모습을 본 어부에게 둘 다 잡혔다는 이야기에서 나온 한자 성어이다. 두 사람이 서로 경쟁하거나 싸우는 사이에 예상치 못한 사람이 이익을 얻는 경우를 가리킨다.

① 두 나라가 싸우다가 힘이 약해지자 다른 나라가 이들을 점령하였다.
② 두 회사가 물건값을 싸게 파는 대신 많은 물건을 팔아 이익을 남겼다.
③ 두 국회 의원 후보가 서로를 헐뜯으며 싸우자 다른 후보가 당선되었다.
④ 동네 가게들이 다투느라 가격을 내려서 동네 사람들이 이익을 보았다.
⑤ 형과 누나가 서로 빵을 먹겠다고 싸우는 중에 막냇동생이 빵을 먹었다.

08~10 다음 글을 읽고, 물음에 답하시오. 　사회　경제

기업은 이익을 얻기 위해 다른 기업과 경쟁한다. 기업이 경쟁하는 방법은 광고를 활용하여 상품이나 서비스를 홍보하는 방법, 가격을 내리는 방법, 품질과 서비스를 개선하는 방법 등으로 다양하다. 기업들이 서로 경쟁함으로써 소비자는 더 나은 품질의 상품과 서비스를 더 저렴한 가격으로 얻을 수 있다.

그런데 경쟁이 항상 성공하는 것은 아니다. 한 대형 마트는 인터넷 쇼핑몰에서만 물건을 사는 소비자를 되찾기 위해 물건을 인터넷 쇼핑몰보다 낮은 가격으로 판매했다. 상품의 가격을 낮추자 고객이 늘어나 물건이 많이 팔렸다. 하지만 나중에 계산해 본 결과 실제 이익은 줄어들었다. 이러한 현상은 상품 가격을 낮추느라 많은 이익을 포기하면서 나타난 후유증이라고 할 수 있다.

08 이 글의 핵심 내용을 파악하여 빈칸에 들어갈 알맞은 말을 쓰시오.

{　기업이 [　][　]하는 방법과 가격 경쟁의 부정적인 면　}

09 기업이 다른 기업과 경쟁하는 까닭으로 알맞은 것은? 　[✎　]

① 이익을 얻기 위해서
② 기업의 이름을 알리기 위해서
③ 다양한 물건을 판매하기 위해서
④ 소비자에게 만족감을 주기 위해서
⑤ 다른 기업에게 서운한 일이 있어서

10 이 글에서 알 수 있는 기업의 경쟁 방법이 <u>아닌</u> 것은? 　[✎　]

① 상품의 가격을 낮춘다.
② 상품을 광고로 홍보한다.
③ 상품의 품질을 개선한다.
④ 서비스를 더욱 좋게 바꾼다.
⑤ 정해진 사람에게만 상품을 판매한다.

사회 생활

18 여러 가지 버스

운행

| 운전하다 | 운 | 運 |
| 다니다 | 행 | 行 |

정해진 길을 따라 차를 운전하여 다니다.

순환

| 돌다 | 순 | 循 |
| 돌다 | 환 | 環 |

일정한 간격을 두고 자꾸 되풀이하여 돌다. 또는 그런 과정

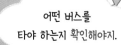

어떤 버스를 타야 하는지 확인해야지.

확인

| 굳다 | 확 | 確 |
| 알다 | 인 | 認 |

틀림없이 그런지를 알아보거나 인정하다. 또는 그런 인정

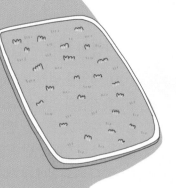

지하철역

연계

| 이어져 닿다 | 연 | 連 |
| 묶다 | 계 | 繫 |

어떤 일이나 사람과 관련하여 관계를 맺다. 또는 그 관계

정답과 해설 23쪽

01 빈칸에 들어갈 알맞은 어휘를 쓰시오.

> 정아: 이번 주에 우리 초등학교와 소방서가 ❶ ☐☐ 해서 소방 안전 교육을 한대.
> 어떤 일이나 사람과 관련하여 관계를 맺다.
>
> 현지: 소방관들을 만나서 소화기 사용 방법과 대피 방법을 직접 ❷ ☐☐ 할 수 있
> 겠구나. 틀림없이 그런지를 알아보거나 인정하다.

02 빈칸에 공통으로 들어갈 알맞은 어휘를 쓰시오.

> [○○번 버스 ☐☐ 시간 변경 안내]
>
> 오전 5시부터 ☐☐ 하던 ○○번 버스의 첫차 출발 시간이 5시 30분으로 바뀌었
> 음을 안내드립니다.

03 다음 표에서 뜻이 비슷한 어휘를 골라 ○표를 하시오.

1

연계하다

▷ 비슷한 뜻 ◁

계속하다 | 연결하다 | 연습하다

2

순환하다

▷ 비슷한 뜻 ◁

돌다 | 변하다 | 운전하다

04 '확(確)' 자가 들어간 보기의 어휘 중 빈칸에 알맞은 어휘를 골라 쓰시오.

> 보기
>
> 정확(바르다 正, 굳다 確)   확신(굳다 確, 믿다 信)

> 예준: 민수가 또 ❶ ☐☐ 한 답을 말했네.
> 바르고 확실하다.
>
> 신비: 이번 퀴즈 대회에서 민수가 우승할 것이라는 ❷ ☐☐ 이 들어.
> 굳게 믿다.

어법+표현 다져요

05 보기를 보고, 괄호 안에서 알맞은 어휘를 골라 ○표를 하시오.

보기

| 운행 | 정해진 길을 따라 차를 운전하여 다니다. |
| 운항 | 비행기나 배가 정해진 항로나 목적지를 오고 가다. |

1 오늘은 200번 버스가 (운행 | 운항)하지 않습니다.

2 안개가 심한 날에는 배를 (운행 | 운항)하지 않는다.

3 사고가 나서 지하철 (운행 | 운항) 시간이 늦어졌다.

06 밑줄 그은 상황을 나타내기에 알맞은 말을 골라 ✓표를 하시오.

은서는 먹는 것을 좋아해서 배가 고프다는 말을 여러 번 반복하여 자주 말한다. 그래서 은서의 집에는 맛있는 빵이나 간식들이 많이 있다.

☐ 입에 달라붙다
입맛에 맞다.

☐ 입이 벌어지다
매우 놀라거나 좋아하다.

☐ 입에 달고 다니다
말을 습관처럼 되풀이하거나 자주 사용하다.

07 밑줄 그은 속담의 뜻으로 볼 수 <u>없는</u> 것을 골라 ✓표를 하시오.

정현: 드디어 여행을 간다고 생각하니 정말 신나요. 빨리 가요.
엄마: 준비물 잘 챙겼니? "돌다리도 두들겨 보고 건너라"라는 말이 있어.
정현: 염려 마세요. 아까 다 살펴봤어요.

☐ 꼼꼼하게 확인하라.
☐ 당당하게 주장하라.
☐ 세심하게 주의하라.

08~10 다음 글을 읽고, 물음에 답하시오. **사회** **생활**

많은 사람들은 이동할 때 대중교통을 이용한다. 대중교통은 여러 사람이 한꺼번에 이동할 수 있는 버스, 지하철, 기차 등의 교통수단을 가리키는 말이다. 그중에서도 버스는 사람들이 자주 이용하는 대중교통 수단이다. 버스의 종류에는 지선 버스, 간선 버스, 도심 순환 버스, 광역 버스가 있다. 각 버스는 사람들이 버스의 종류를 확인하기 쉽도록 색깔로 구분할 수 있게 되어 있다.

지선 버스는 초록색으로 지역 안 구석구석을 연결하거나 주거지와 지하철을 연계하는 역할을 한다. 간선 버스는 파란색으로 지역 안에서 먼 거리를 운행한다. 도심 순환 버스는 노란색으로 지역 안을 순환하면서 운행하는 버스이다. 광역 버스는 빨간색으로 서울과 그 주변의 대도시를 연결하는 역할을 한다. 광역 버스는 도시와 도시 사이를 다니므로 먼 거리를 운행한다.

08 이 글의 핵심 내용을 파악하여 빈칸에 들어갈 알맞은 말을 쓰시오.

{ ☐☐ 의 종류와 특징 }

09 대중교통에 대한 설명으로 알맞은 것은? [✎]

① 외국에서만 운행한다.
② 짧은 거리만 운행한다.
③ 여러 사람이 함께 이용한다.
④ 많은 사람들을 태우지 못한다.
⑤ 사람들이 자주 사용하지 않는다.

10 버스의 종류와 색상, 특징이 바르게 묶인 것은? [✎]

	종류	색상	특징
①	지선 버스	빨간색	주거지와 지하철을 연결한다.
②	지선 버스	초록색	지역 안 구석구석을 연결한다.
③	간선 버스	파란색	지역 안을 되풀이하여 돌면서 운행한다.
④	도심 순환 버스	노란색	서울과 그 주변의 대도시를 연결한다.
⑤	광역 버스	초록색	지역 안에서 먼 거리를 운행한다.

과학 **대기**

대기가 하는 일

내가 떠 있기 위해
대기는 필수로 있어야 해.

대기

크다	대	大
기운	기	氣

지구를 둘러싸고 있는 여러 기체

필수

반드시	필	必
마땅히	수	須

반드시 있어야 하는 것. 꼭 필요한 것

세균

가늘다	세	細
균	균	菌

몸이 단 하나의 세포로 이루어진 아주 작은 생물

닿다

어떤 물체가 다른 물체에 맞붙어 사이에 빈틈이 없게 되다.

80

01 빈칸에 들어갈 알맞은 어휘를 쓰시오.

1 축구 선수가 되려면 튼튼한 체력은 ☐☐ 이다.

반드시 있어야 하는 것

2 지구의 주위를 둘러싸고 있는 공기를 ☐☐ 라고 한다.

지구를 둘러 싸고 있는 여러 기체

02 다음 어휘의 뜻에 맞는 말을 괄호 안에서 골라 ○표를 하시오.

닿다

뜻 어떤 물체가 다른 물체에 (맞붙어 | 떨어져) 사이에 빈틈이 (있게 | 없게) 되다.

03 빈칸에 '세균'을 쓸 수 없는 문장의 기호를 쓰시오.

㉠ 운동을 하여 ☐ 이 생기도록 노력해야 한다.

㉡ 상처에 약을 바르면 ☐ 이 퍼지는 것을 막을 수 있다.

㉢ 병원의 병실은 ☐ 의 침입을 막기 위해 매일 소독을 한다.

㉣ 집에 들어온 후에는 ☐ 을 없애기 위해 손을 꼭 씻어야 한다.

04 빈칸에 들어갈 알맞은 어휘를 보기 에서 골라 쓰시오.

보기

| 필수 | 세균 | 닿다 |

1 깜깜한 어둠 속에서 벽이 손에 ☐ .

2 휴대 전화처럼 손으로 자주 만지는 물건에는 많은 ☐ 이 있다.

3 외교관이 되려면 한두 가지 외국어는 ☐ 로 할 줄 알아야 한다.

어법+표현 다져요

05 보기를 보고, 밑줄 그은 어휘의 뜻을 골라 그 기호를 쓰시오.

> **보기**
>
> **닿다**
>
> ㉠ 어떤 물체가 다른 물체에 맞붙어 사이에 빈틈이 없게 되다.
>   예 이불이 부드러워서 살에 닿는 느낌이 좋다.
> ㉡ 어떤 곳에 이르다.
>   예 집에서 출발한 지 한 시간 후에 놀이공원에 닿았다.

1 발에 <u>닿는</u> 모래의 느낌이 간지러웠다. (   )

2 지수는 포기하지 않고 달려 마침내 결승점에 <u>닿았다</u>. (   )

3 엄마의 손길이 <u>닿자</u> 아기는 다시 새근새근 잠이 들었다. (   )

06 밑줄 그은 말의 의미로 알맞은 것에 ✓표를 하시오.

> 양을 돌보는 양치기 소년은 너무 심심했다. 그래서 마을 사람들에게 늑대가 왔다고 거짓말을 했다. 마을 사람들을 깜짝 놀라 달려왔지만 거짓말이라는 것을 알고 화를 냈다. 재미가 들린 양치기 소년은 늑대가 왔다는 거짓말을 <u>밥 먹듯 했다</u>. 그러자 나중에 진짜 늑대가 나타났을 때 사람들은 양치기 소년의 말을 믿어 주지 않았다.

☐ 아무렇지도 않게 자주 하다.
☐ 말이나 행동을 이랬다저랬다 바꾸다.
☐ 마음속으로는 좋지 않으면서 겉으로는 좋은 척하다.

07 밑줄 그은 한자 성어의 뜻으로 알맞은 것은?   [   ]

> 수호: 오늘 학교에서 사탕을 나눠 줬어요. 한 손에 가득 사탕을 쥐었다가 한 개만 더 가져가려고 손을 벌렸어요. 그랬더니 손 안의 사탕들을 다 떨어뜨리고 결국 한 개밖에 못 가졌어요.
> 엄마: 속상했겠구나. <u>소탐대실(小貪大失)</u>이라는 말처럼 욕심을 부리지 말았어야지.

① 큰 차이 없이 거의 같다.   ② 처지를 바꾸어서 생각하여 보다.
③ 작은 것을 탐하다가 큰 것을 잃는다.   ④ 사물이 매우 위태로운 처지에 놓여 있다.
⑤ 같은 현상이나 일이 한두 번이나 한둘이 아니고 많다.

08~10 다음 글을 읽고, 물음에 답하시오. （과학）（대기）

슬기: 선생님, 대기가 없다면 낮에도 밤처럼 하늘이 까맣게 보인다는 것이 정말인가요?

선생님: 태양에서 나오는 빛에는 여러 색깔이 들어 있는데 대기는 푸른빛만 하늘에 퍼지게 해요. 그래서 하늘이 파랗게 보여요.

슬기: 대기는 또 어떤 일을 하는지 궁금해요.

선생님: 대기는 모든 생명체가 살기 위해 필수로 있어야 해요. 대기는 지구의 온도를 일정하게 유지해 줘요. 만약 대기가 없다면 낮에는 뜨겁고 밤에는 추워서 생명체가 살 수 없어요. 또 대기는 태양에서 나오는 빛 중 하나인 자외선이 지구로 많이 들어오지 못하도록 막아 줘요. 자외선은 세균을 없애지만 너무 많으면 사람의 피부와 식물의 잎까지 까맣게 태워 버려요.

슬기: 지구로 떨어지는 우주의 물질도 대기 덕분에 지구와 부딪치지 않는다고 하던데요?

선생님: 맞아요. 우주를 떠돌던 물질이 지구로 떨어질 때 대기와 부딪치면서 지구에 닿기 전에 타 버리기 때문이랍니다.

08 이 글의 핵심 내용을 파악하여 빈칸에 들어갈 알맞은 말을 쓰시오.

{ ☐☐ 가 하는 여러 가지 역할 }

09 대기가 하는 일이 <u>아닌</u> 것에 ✔표를 하시오.

☐ 세균을 없애 준다.
☐ 자외선을 막아 준다.
☐ 지구로 떨어지는 물질을 태워 버린다.
☐ 지구의 온도를 일정하게 유지해 준다.

10 이 글을 읽고, '대기'에 어울리는 이름을 붙일 때 알맞은 것은? [✎]

① 지구를 빛내는 별
② 지구를 데워 주는 난로
③ 마르지 않고 솟아나는 샘물
④ 낮과 밤을 조절하는 마술사
⑤ 지구의 생명체를 지키는 방패

20 신발을 만드는 재료

과학 물질

탄력

| 튀기다 | 탄 彈 |
| 힘 | 력 力 |

용수철처럼 튀거나 팽팽하
게 버티는 힘

유연하다

| 부드럽다 | 유 柔 |
| 부드럽다 | 연 軟 |

부드럽고 연하다.

지호는 탄력도
좋고 몸도 유연해.

접촉

| 가까이하다 | 접 接 |
| 닿다 | 촉 觸 |

서로 맞닿다.

특수

| 특별하다 | 특 特 |
| 다르다 | 수 殊 |

특별히 다르다.

접촉을 하면
특수한 안내도가
나와.

어휘를 넓혀요

01 빈칸에 공통으로 들어갈 어휘로 알맞은 것은?

> • 축구공에 바람을 넣었더니 [   ]이 좋아 잘 튀긴다.
>
> • 그 선수는 키가 작지만 [   ]이 좋아 높이 뛰어오를 수 있다.

① 구성   ② 실력   ③ 탄력
④ 노력   ⑤ 작동

02 빈칸에 들어갈 알맞은 어휘를 보기에서 골라 쓰시오.

보기

| 특수하다 | 유연하다 | 접촉하다 |

1 언니는 발레를 해서 몸이 [   ].

2 그 건축물은 지은 방식이 [   ].

3 자전거를 타다가 다른 사람의 자전거와 [   ].

03 다음 표에서 뜻이 비슷한 어휘를 골라 ◯표를 하시오.

1

유연하다

◁ 비슷한 뜻

| 거칠다 | 부드럽다 | 뻣뻣하다 |

2

접촉하다

◁ 비슷한 뜻

| 떼다 | 맞닿다 | 떨어지다 |

04 빈칸에 '특별하다 특(特)' 자가 들어간 어휘를 쓰시오.

1 나의 [특][ ]는 바이올린을 켜는 것이다.

남이 가지지 못한 특별한 기술이나 기능

2 시현이는 물건의 [특][ ]을 잘 잡아서 그림으로 표현한다.

다른 것에 비하여 특별히 눈에 띄는 점

05 밑줄 그은 어휘를 바르게 고쳐 쓰시오.

1 농구공을 바닥에 튀기는데 <u>탈력</u>이 좋아서 높이 튀었다.

↳ ☐☐

2 기자들의 <u>골란한</u> 질문에 그 배우는 급하게 자리를 떠났다.

↳ ☐☐

3 반장의 사소한 말 한마디가 우리 반에서 큰 <u>놀란</u>이 되었다.

↳ ☐☐

06 밑줄 그은 말과 바꾸어 쓸 수 있는 말로 알맞은 것은? [✎]

주호와 현서는 체험 학습 장소를 정하는 것에서 의견 차이를 보였다. 주호는 직업 체험장을 주장하였고, 현서는 농장 체험장을 주장하였다. 결국 둘은 모두가 보는 앞에서 싸우기 시작했다. <u>분위기가 몹시 긴장되어</u> 지켜보고 있던 나는 걱정이 되었다.

① 귀가 얇아서   ② 정신이 빠져서
③ 공기가 팽팽하여   ④ 불을 보듯 뻔하여
⑤ 앞뒤를 가리지 않아서

07 보기의 한자 성어를 사용할 상황으로 알맞은 것은? [✎]

보기

외유내강   외(外) 밖   유(柔) 부드럽다   내(內) 안   강(剛) 굳세다

겉으로는 부드럽고 순하게 보이나 속은 곧고 굳센 것을 뜻하는 말이다. 아주 약하고 부드러워 보이나 실은 대단히 강한 의지를 가진 사람을 뜻한다.

① 우리 반이 축구 대회에서 계속 이기는 상황
② 효주가 우리 반의 진호를 오랫동안 좋아하는 상황
③ 친구와의 약속에 늦었는데 지갑까지 집에 두고 온 상황
④ 다리를 다친 진구가 팔을 다친 유주의 가방을 들어주는 상황
⑤ 평소 상냥하던 선호가 잘못된 행동을 한 진수를 보고 꾸짖는 상황

08~10 다음 글을 읽고, 물음에 답하시오. `과학` `물질`

　우리 주변에는 다양한 성질을 지닌 물질들이 있다. 우리는 이러한 물질들의 성질을 활용하여 다양한 물체를 만든다. 우리가 매일 신는 신발도 신는 목적에 따라 그에 맞는 다양한 물질들로 이루어져 있다.

　등산화의 옆면은 날카로운 돌이나 나뭇가지에 찢기지 않게 질긴 가죽으로 만들고, 밑창은 발이 받는 충격을 줄여 주면서 미끄러지는 것을 막기 위해 특수한 고무로 만든다. 육상 선수들이 신는 신발의 밑창은 가볍고 바닥이 단단해야 하기 때문에 특수한 플라스틱으로 만든다. 역도 선수들은 몸의 균형을 잃지 않고 유연하게 움직여 역기를 들어올리는 것이 중요하다. 그래서 역도 선수들의 신발은 단단한 나무와, 탄력이 좋은 플라스틱으로 밑창을 만든다. 배드민턴 선수는 빠르게 움직이며 순간적으로 힘을 써야 한다. 그래서 배드민턴 선수들의 신발은 바닥과 접촉했을 때 잘 미끄러지지 않는 고무로 밑창을 만든다.

08 이 글의 핵심 내용을 파악하여 빈칸에 들어갈 알맞은 말을 쓰시오.

{ 　□□을 만드는 데 사용하는 여러 가지 물질　 }

09 신발을 신는 목적과 재료가 바르게 묶이지 <u>않은</u> 것은?　[✎　　]

	목적	재료
①	등산	질긴 가죽
②	육상	가볍고 물렁한 고무
③	역도	단단한 나무와 플라스틱
④	등산	충격을 줄여 주는 특수한 고무
⑤	배드민턴	잘 미끄러지지 않는 특수한 고무

10 각각 다른 물질을 사용해 신발을 만드는 까닭으로 알맞은 것은?　[✎　　]

① 아름답게 보이려고　　　　② 발 모양에 맞추려고
③ 여러 신발을 구분하려고　　④ 쓰임새에 맞게 하려고
⑤ 신는 사람의 다양한 성격에 맞추려고

실력 확인 1회

1-3 뜻에 알맞은 어휘를 보기 에서 골라 쓰시오.

보기

| 대기 | 세균 | 제안 | 경쟁 | 예고 |

1 [　　　] : 미리 알리다.

2 [　　　] : 몸이 단 하나의 세포로 이루어진 아주 작은 생물

3 [　　　] : 같은 목적에 대하여 이기거나 앞서려고 서로 겨루다.

4-5 어휘에 알맞은 뜻을 골라 선으로 이으시오.

4 유형 •

- ㉠ 반드시 있어야 하는 것. 꼭 필요한 것
- ㉡ 성질이나 특징이 비슷한 것끼리 묶은 틀

5 선택 •

- ㉠ 사람이나 동물이 활동하며 살아가다.
- ㉡ 여럿 가운데서 필요한 것을 골라 뽑다.

6 밑줄 그은 어휘의 뜻으로 알맞은 것은?　　[✎　　]

이 땅은 <u>척박하여</u> 농사짓기 어렵다.

① 손을 대어 잘 매만지다.
② 어떤 형편이나 처지에 놓이다.
③ 원래의 상태나 형태를 잘 유지하다.
④ 땅이 기름지지 못하고 몹시 메마르다.
⑤ 물, 불, 바람 따위에 모조리 한 방향으로 몰려 쓸리다.

7 어휘의 뜻으로 알맞지 <u>않은</u> 것은? [✎]

① 용도: 쓰이는 길. 또는 쓰이는 곳

② 비스듬하다: 옆으로 약간 기운 듯하다.

③ 표면: 사물의 가장 바깥쪽. 또는 가장 윗부분

④ 동기: 내용을 진행하여 발전시키며 펴 나가다.

⑤ 후유증: 어떤 일을 치르고 난 뒤에 생기는 부작용

8 괄호 안에 공통으로 들어갈 어휘로 알맞은 것은? [✎]

• 선생님이 되고 싶었던 꿈을 드디어 (   ).

• 오래전부터 마음속에 품어 온 뜻을 (   ).

① 돋보이다   ② 휩쓸리다   ③ 주관하다
④ 실현하다   ⑤ 접촉하다

9 밑줄 그은 어휘가 문장에 어울리지 <u>않는</u> 것은? [✎]

① 그 사람은 웃음에 <u>인색하다</u>.

② 산 위에 올라 <u>신선한</u> 공기를 마셨다.

③ 이 창문은 소음을 막기 위해 <u>특수하게</u> 만들어졌다.

④ 우리의 전통문화를 <u>배열하여</u> 후손에게 물려줘야 한다.

⑤ 공룡은 아주 오래전에 <u>멸종되어서</u> 현재 존재하지 않는다.

10-11 문장에 알맞은 어휘를 골라 ✔표를 하시오.

10 이 드라마의 내용은 매우

☐ 막대하다.

☐ 흥미롭다.

11 전원 버튼을 눌러 컴퓨터를

☐ 작동하다.

☐ 창조하다.

12 뜻이 비슷한 어휘끼리 짝 지은 것은?　　　　　　　　　　　　　　　[✎　　　]

① 안정, 불안　　　　　② 해롭다, 이롭다　　　　　③ 모이다, 흩어지다
④ 빼놓다, 빠뜨리다　　⑤ 간략하다, 복잡하다

13 밑줄 그은 어휘와 바꾸어 쓸 수 <u>없는</u> 것은?　　　　　　　　　　　　[✎　　　]

> 국민을 지키는 것이 국가의 <u>의무</u>이다.

① 책임　　　　　② 임무　　　　　③ 역할
④ 신분　　　　　⑤ 본분

14 뜻이 반대인 어휘끼리 짝 지은 것은?　　　　　　　　　　　　　　　[✎　　　]

① 근거, 이유　　　　　② 이익, 손해　　　　　③ 계승하다, 이어받다
④ 유연하다, 부드럽다　⑤ 주장하다, 내세우다

15-17 괄호 안에 들어갈 알맞은 어휘를 골라 선으로 이으시오.

15 　간선 버스는 파란색으로 지역 안에서 먼 거리를 (　　　)한다.　　•

　　　　　　　　　　　　　　　　　　　•　주관

16 　막대한 무게를 견뎌야 하는 건물과 다리에서 삼각형 (　　　)를 찾아볼 수 있다.　　•

　　　　　　　　　　　　　　　　　　　•　운행

17 　환웅이 청동 물건과 날씨를 (　　　)하는 신하를 데리고 온 데서 청동기 문화가 발달했다는 것을 알 수 있다.　　•

　　　　　　　　　　　　　　　　　　　•　구조

관용어 · 속담 · 한자 성어

18 다음 설명에 맞는 관용어로 알맞은 것은?　　　　［✐　　］

> 이 관용어는 '힘겨운 고비를 넘기고 좀 여유를 갖다.'라는 뜻이다.
> → 예 동생이 크게 다치지 않았다는 소식에 _____.

① 자리를 잡다　　　　　　　　② 다리를 놓다

③ 한숨을 돌리다　　　　　　　④ 입에 달고 다니다

④ 허리띠를 졸라매다

19 다음 속담을 들려주기에 알맞은 사람은?　　　　［✐　　］

> ### 비 온 뒤에 땅이 굳어진다
>
> 비가 오면 땅이 젖어 질척거린다. 하지만 비가 그친 뒤에 해가 나면 질척거리던 땅의 흙이 마르면서 단단하게 굳어진다. 이처럼 이 속담은 어떤 시련을 겪은 뒤에 더 강해진다는 뜻을 지닌다.

① 약속을 잘 지키지 않는 '서연'

② 결정을 잘 내리지 못하는 '유정'

③ 시련을 겪고 좌절하고 있는 '민지'

④ 목표만 세우고 노력은 하지 않는 '정호'

⑤ 자기가 도움이 필요할 때만 친구를 찾는 '서준'

20 한자 성어 설명에서 괄호 안에 들어갈 말로 알맞은 것은?　　　　［✐　　］

소탐대실	
적다	소(小)
바라다	탐(貪)
크다	대(大)
잃다	실(失)

영호는 친구와 과자를 먹다가, 과자를 조금 더 먹고 싶어서 친구의 과자를 빼앗아 먹었다. 이 일로 영호는 친구와 사이가 나빠졌다. 이는 작은 것인 과자를 탐내다가 친구와의 우정이라는 큰 것을 잃은 경우이다. 이 한자 성어는 이런 경우에 사용할 수 있는 말로 '작은 것을 탐하다가 ( )을 잃는다.'라는 뜻을 지니고 있다.

① 큰 것　　　　　　② 값싼 것　　　　　　③ 맛있는 것

④ 간단한 것　　　　⑤ 사소한 것

1-3 뜻에 알맞은 어휘를 **보기** 에서 골라 쓰시오.

> **보기**
>
> 한곳   전개   시조   연계   대부분

1 [　　　] : 일정한 곳, 같은 곳

2 [　　　] : 어떤 일이나 사람과 관련하여 관계를 맺다. 또는 그 관계

3 [　　　] : 한 겨레나 대대로 이어 내려온 한집안의 맨 처음이 되는 조상

4 밑줄 그은 어휘의 뜻으로 알맞은 것은? [✎　]

> 설명하는 글은 두루뭉술하게 쓰지 말고 분명하고 정확하게 써야 한다.

① 볼만한 가치가 없을 정도로 하찮다.
② 내용을 진행하여 발전시키며 펴 나가다.
③ 말이나 행동 따위가 꼼꼼하거나 분명하지 않다.
④ 겉으로 드러나지 않고 속에 잠겨 있거나 숨어 있다.
⑤ 몇 가지 부분이나 요소들을 모아서 전체를 짜 이루다.

5 밑줄 그은 어휘가 문장에 어울리지 <u>않는</u> 것은? [✎　]

① 의사는 올바른 생활 습관을 강조했다.
② 자동차가 갑자기 제어되지 않아 놀랐다.
③ 문고리가 망가지는 바람에 방 안에 갇히다.
④ 오이를 제외하고 당근, 감자를 냄비에 넣었다.
⑤ 오늘 본 영화는 매우 흥미진진해서 하품이 나왔다.

6 밑줄 그은 어휘와 바꾸어 쓸 수 있는 것은?

> 실수로 같은 물건을 <u>중복해서</u> 장바구니에 담았다.

① 보관해서   ② 운영해서   ③ 대처해서
④ 반복해서   ⑤ 제어해서

7-8 어휘에 알맞은 뜻을 골라 선으로 이으시오.

7 탄력 •
- ㉠ 용수철처럼 튀거나 팽팽하게 버티는 힘
- ㉡ 수, 무게의 많고 적음이나 부피의 크고 작은 정도

8 증발 •
- ㉠ 어떤 물질이 액체 상태에서 기체 상태로 변하게 되다.
- ㉡ 잘못되거나 부족한 것, 나쁜 것 따위를 고쳐 더 좋게 만들다.

9-10 문장에 알맞은 어휘를 골라 ✓표를 하시오.

9 시장에서 파는 딸기 가격이
☐ 저렴하다.
☐ 유익하다.

10 과거에는 곰과 호랑이를 신으로
☐ 숭배했다.
☐ 보존했다.

11 괄호 안에 공통으로 들어갈 어휘로 알맞은 것은?

> • 수도꼭지를 잘 잠갔는지 (   )해라.
> • 선물 포장을 풀고 내용물을 (   )했다.

① 확인   ② 범람   ③ 생활
④ 보관   ⑤ 계승

12 어휘의 뜻으로 알맞지 <u>않은</u> 것은? [✎]

① 대기: 지구를 둘러싸고 있는 여러 기체

② 무분별: 서로 다른 일이나 사물을 구별하다.

③ 서식지: 생물 따위가 일정한 곳에 자리를 잡고 사는 곳

④ 맺히다: 물방울이나 땀방울 따위가 생겨 매달리게 되다.

⑤ 분량: 수, 무게의 많고 적음이나 부피의 크고 작은 정도

13 뜻이 비슷한 어휘끼리 짝 지은 것은? [✎]

① 편의, 불편　　　　② 보존, 개발　　　　③ 경쟁, 화합

④ 견디다, 버티다　　⑤ 휩쓸리다, 고정하다

14 뜻이 반대인 어휘끼리 짝 지은 것은? [✎]

① 동기, 계기　　　　② 대개, 대부분　　　③ 시련, 고난

④ 용도, 쓰임새　　　⑤ 닿다, 떨어지다

15-17 괄호 안에 들어갈 알맞은 어휘를 골라 선으로 이으시오.

15 감상문은 책의 종류에 따라 글을 (　　　)하는 방법이 달라진다. •　　　• 전개

16 공공 기관은 국가에서 (　　　)하거나 그 지역에 맡겨 관리한다. •　　　• 순환

17 도심 (　　　) 버스는 노란색으로, 지역 안을 주기적으로 돌면서 운행하는 버스이다. •　　　• 운영

관용어 · 속담 · 한자 성어

18 밑줄 그은 관용어가 문장에 어울리지 <u>않는</u> 것은?　　[✎　　]

① 동생은 숙제를 다 했다는 거짓말을 <u>밥 먹듯 했다</u>.

② 성훈이는 우리 반에서 키가 제일 커서 <u>눈에 띄었다</u>.

③ 두 권투 선수가 입장하자 경기장 <u>공기가 팽팽해졌다</u>.

④ 우리는 <u>허리띠를 졸라매고</u> 앉아서 아름다운 노을을 감상했다.

⑤ 그는 치료제를 꼭 개발해야 한다는 책임감을 <u>어깨에 지고</u> 연구에 몰두했다.

19 밑줄 그은 속담의 뜻으로 알맞은 것은?　　[✎　　]

> 태호: 어제 전국 축구 대회에 나갔지? 어땠어?
>
> 은재: 나는 우리 학교에서 내가 제일 축구를 잘한다고 생각했었어. 그래서 전국 축구 대회도 쉬울 줄 알았거든. 그런데 대회를 치르면서 내 실력이 "<u>우물 안 개구리</u>"라는 것을 깨달았어. 앞으로는 더 열심히 연습할 거야.

① 넓은 세상의 형편을 알지 못하다.

② 꿈을 실현하기 위해서는 자신의 노력이 중요하다.

③ 자기에게 이익이 되면 가까이하고 이익이 안 되면 멀리한다.

④ 값이 같거나 같은 노력을 한다면 품질이 좋은 것을 선택한다.

⑤ 겉으로 드러나는 행동과 마음속으로 품고 있는 생각이 서로 달라서 사람의 됨됨이가 바르지 못하다.

20 한자 성어 설명에서 괄호 안에 들어갈 어휘로 알맞은 것은?　　[✎　　]

어부지리		
고기 잡다	어(漁)	
아버지	부(父)	
-의	지(之)	
이롭다	리(利)	

　　친구 셋이서 달리기 시합을 하고 있었다. 1, 2등이 서로 1등을 하려고 다투면서 달리다가 결승선 앞에서 넘어져 버렸다. 그래서 3등이 1등이 되어 버렸다. 이 한자 성어는 이런 경우에 사용할 수 있는 말로 '두 사람이 서로 경쟁하거나 싸우는 사이에 예상치 못한 사람이 (　　　　　)을 얻는 경우'를 가리킨다.

① 돈　　　② 말　　　③ 이익

④ 관심　　　⑤ 역할

memo

정답과 해설
QR 코드

ⓦ 완자

공부력

정답과 해설

어휘

×

초등 전과목

3 B

3-4학년

책 속의 가접 별책 (특허 제 0557442호)

'정답과 해설'은 진도책에서 쉽게 분리할 수 있도록 제작되었으므로
유통 과정에서 분리될 수 있으나 파본이 아닌 정상 제품입니다.

visang

완자

W 완자

공부력

초등 전과목
어휘 3B

· · · ·

정답과 해설

완자 공부력 가이드

완자 공부력 시리즈는
앞으로도 계속 출간될 예정입니다.

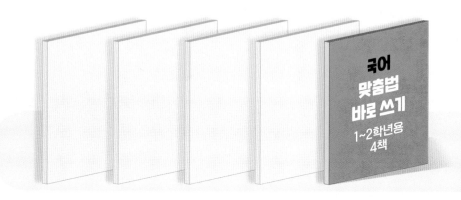

국어 맞춤법 바로 쓰기 1~2학년용 4책

쓰기력

전과목 어휘 1~6학년용 12책

전과목 한자 어휘 1~6학년용 12책

영어 파닉스 1~2학년용 2책

영어 영단어 3~6학년용 8책

어휘력

국어 독해 1~6학년용 12책

한국사 독해 인물편 3~6학년용 4책

한국사 독해 시대편 3~6학년용 4책

독해력

수학 계산 1~6학년용 12책

계산력

완자 공부력 시리즈로 공부 근육을 키워요!

매일 성장하는
초등 자기개발서
ⓦ 완자
공부력

학습의 기초가 되는 읽기, 쓰기, 셈하기와 관련된
공부력을 키워야 여러 교과를 터득하기 쉬워집니다.
또한 어휘력과 독해력, 쓰기력, 계산력을 바탕으로 한
'공부력'은 자기주도 학습으로 상당한 단계까지 올라갈 수
있는 밑바탕이 되어 줍니다. 그래서 매일 꾸준한 학습이
가능한 '**완자 공부력 시리즈**'로 공부하면 자기주도 학습이
가능한 튼튼한 공부 근육을 키울 수 있을 것이라 확신합니다.

효과적인 **공부력 강화 계획**을 세워요!

◎ 학년별 공부 계획
내 학년에 맞게 꾸준하게 공부 계획을 세워요!

		1-2학년	3-4학년	5-6학년
기본	독해	국어 독해 1A 1B 2A 2B	국어 독해 3A 3B 4A 4B	국어 독해 5A 5B 6A 6B
	계산	수학 계산 1A 1B 2A 2B	수학 계산 3A 3B 4A 4B	수학 계산 5A 5B 6A 6B
	어휘	전과목 어휘 1A 1B 2A 2B	전과목 어휘 3A 3B 4A 4B	전과목 어휘 5A 5B 6A 6B
		파닉스 1 2	영단어 3A 3B 4A 4B	영단어 5A 5B 6A 6B
확장	어휘	전과목 한자 어휘 1A 1B 2A 2B	전과목 한자 어휘 3A 3B 4A 4B	전과목 한자 어휘 5A 5B 6A 6B
	쓰기	맞춤법 바로 쓰기 1A 1B 2A 2B		
	독해			한국사 독해 인물편 1 2 3 4 한국사 독해 시대편 1 2 3 4

○ 시기별 공부 계획

학기 중에는 **기본**, 방학 중에는 **기본 + 확장**으로 공부 계획을 세워요!

방학 중			
학기 중			
기본			**확장**
독해	계산	어휘	어휘, 쓰기, 독해
국어 독해	수학 계산	전과목 어휘 파닉스(1~2학년) 영단어(3~6학년)	전과목 한자 어휘 맞춤법 바로 쓰기(1~2학년) 한국사 독해(3~6학년)

예시 초1 학기 중 공부 계획표 주 5일 하루 3과목 (45분)

월	화	수	목	금
국어 독해	국어 독해	국어 독해	국어 독해	국어 독해
수학 계산	수학 계산	수학 계산	수학 계산	수학 계산
전과목 어휘	파닉스	전과목 어휘	전과목 어휘	파닉스

예시 초4 방학 중 공부 계획표 주 5일 하루 4과목 (60분)

월	화	수	목	금
국어 독해	국어 독해	국어 독해	국어 독해	국어 독해
수학 계산	수학 계산	수학 계산	수학 계산	수학 계산
전과목 어휘	영단어	전과목 어휘	전과목 어휘	영단어
한국사 독해 인물편	전과목 한자 어휘	한국사 독해 인물편	전과목 한자 어휘	한국사 독해 인물편

01 의견을 표현해요

본문 8-11쪽

01 유형

02 ☑ 주제

> '근거'는 '어떤 일이나 의논, 의견을 까닭이 되는 것'이라는 뜻이다. '까닭'은 '어떤 일이 있게 된 사정이나 이유'라는 뜻, '이유'는 '어떤 행동을 하게 되거나 어떤 결과에 이르게 된 까닭이나 근거'라는 뜻이다. 세 어휘는 비슷한 뜻을 지니고 있어 상황에 따라 서로 바꾸어 쓸 수 있다.

03 **1** 보살폈다 | 반대했다 | 비슷했다 | (내세웠다)

    2 좋아한 | (제안한) | 필요한 | 상상한

04 **1** 근거   **2** 유형

05 **1** ((제안)| 제한)   **2** ((제안)| 제한)   **3** (제안 |(제한))

06 ㉠

> ㉡ 내노았다 → 내놓았다
> ㉢ 묵어 → 묶어

07 ☑ 부화뇌동(附和雷同)

> '부화뇌동(附和雷同)'은 '붙다 부(附), 화하다 화(和), 우레 뇌(뢰)(雷), 한가지 동(同)'이라는 한자를 쓴다. 우레 소리에 맞춰 함께한다는 뜻으로, 뚜렷한 자기 생각 없이 경솔하게 남의 의견에 따라 움직이는 태도를 이르는 한자 성어이다.

08 다른 사람을 설득하는 글인 주 장 하는 글과 제 안 하는 글

> 이 글에서는 다른 사람을 설득하기 위해 의견을 내세우는 글로 주장하는 글과 제안하는 글을 들고 그 특징을 설명하고 있다.

09 ③ 주변의 문제에 대한 자신의 느낌을 쓴다.

> 주장하는 글은 글쓴이 자신의 다양한 주장을 담을 수 있으며 우리 주변의 문제를 다루어야만 하는 것은 아니다. 또 느낌이 아닌 타당한 주장을 담아야 한다.

10 ④ 이번 생일에 캐릭터 모양 케이크를 사 주세요.

> ④는 자신이 생일에 받고 싶은 케이크를 요청하는 내용이므로, 어떤 문제를 해결하기 위해 제안하는 글의 내용으로 볼 수 없다.

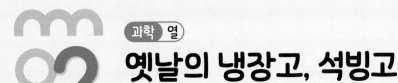

과학 열
02 옛날의 냉장고, 석빙고

본문 12-15쪽

01 ㉢

02 ⓵ 돋보이다 ⓶ 보관하다 ⓷ 갇히다

03 길쭉하게 (비스듬하게) 부지런하게

04 ☑ 간직하고

'간직하다'는 물건 따위를 어떤 장소에 잘 간수하여 둔다는 뜻이다.
 • 보살피다: 정성을 기울여 보호하고 돕는다.
 • 처리하다: 사무나 사건 따위를 절차에 따라 정리하여 치르거나 마무리를 짓다.
 • 제공하다: 무엇을 내주거나 갖다 바치다.

05 ⓵ ((맡아) 맞아) ⓶ (맡는지 (맞는지))

06 ☑ 눈에 띄다

주인공의 연기가 좋고 목소리도 예쁘고 옷도 화려하다고 하였으므로 그 때문에 남들보다 눈에 띈다는 뜻의 말이 들어가야 한다.

07 ① 우물 안 개구리

태호는 우리 반과 우리 학교라는 좁은 세상에서 노래를 잘한 것뿐인데 세상에서 제일 노래를 잘 부르는 것처럼 행동했으므로 넓은 세상의 형편을 알지 못하는 사람을 가리키는 '우물 안 개구리'가 어울린다.
② 병 주고 약 준다: 교활하고 음흉한 자의 행동을 이르는 말
③ 밑 빠진 독에 물 붓기: 아무리 힘이나 밑천을 들여도 보람 없이 헛된 일이 되는 상태를 이르는 말
④ 잘되면 제 탓 못되면 조상 탓: 일이 안될 때 그 책임을 남에게 돌리는 태도를 이르는 말
⑤ 길고 짧은 것은 재어 보아야 안다: 크고 작고, 이기고 지고, 잘하고 못하는 것은 실지로 겨루어 보거나 겪어 보아야 알 수 있다는 말

08 석 빙 고 를 통해 알 수 있는 조상들의 지혜

이 글은 조상들의 지혜가 돋보이는 얼음 창고인 석빙고에 대해 설명하고 있다.

09 ④ 얼음을 보관했다.

'석빙고'의 '빙(氷)'은 얼음이라는 뜻이다. 석빙고는 조선 시대에 얼음을 보관하던 창고였다.

10 ③ 출입문으로 바깥의 더운 공기가 잘 들어왔다.

석빙고는 출입문 위쪽에 벽을 만들어 더운 바람은 안으로 들어오지 못하게 하였다.

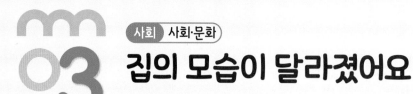

01 ❶ 생활 ❷ 구성

02 ㉡

┉┉ '손질하다'는 손을 대어 잘 매만진다는 뜻이므로 ㉡에는 어울리지 않는다.

03 마음 （쓰임새） 생김새

┉┉ '쓰임새'는 '쓰임의 정도나 쓰이는 바'라는 뜻이다.
 • 마음: 사람이 다른 사람이나 사물에 대하여 감정이나 의지, 생각 따위를 느끼거나 일으키는 작용이나 태도
 • 생김새: 생긴 모양새

04 ❶ | 활 | 동 | ❷ | 활 | 기 |

05 ❶ | 손 | 가 | 락 | ❷ | 주 | 먹 |

06 ❶ ㉡   ❷ ㉠   ❸ ㉢

07 ④ 필요 이상의 돈을 쓰지 않고 꾸밈없이 생활하다.

┉┉ 글쓴이는 엄마에게 선물을 드리고 싶어서 돈을 쓰지 않고 검소한 생활을 했다. 이런 내용으로 보아 '허리띠를 졸라
매다'는 ④와 같은 뜻으로 볼 수 있다.
① '손이 빠르다'라는 말의 뜻이다.
② '발을 끊다'라는 말의 뜻이다.
③ '배를 두드리다'라는 말의 뜻이다.
⑤ '눈칫밥을 먹다'라는 말의 뜻이다.

08 시간의 흐름에 따라 변화한 | 집 | 의 모습

┉┉ 이 글은 사람들의 생활 모습과 함께 변화해 온 집의 모습을 설명하고 있다.

09 ⑤ 비바람을 피하고 안전하게 지내기 위해서

┉┉ 이 글의 첫 문장에서 사람이 비바람과 같은 위험한 자연 현상을 피하고 안전하게 살기 위해서 집이 필요하다고 하
였다.

10 ② 동굴

┉┉ 집의 모습은 '동굴이나 바위 그늘 – 움집 – 초가집과 기와집 – 아파트'의 순서대로 변해 왔다.

수학 그래프

막대로 나타내는 자료

본문 20-23쪽

01 **1** 대부분 **2** 분량

02 ㉠

　　　'신선하다'는 새롭고 산뜻하다는 뜻이므로 높은 산 위에 부는 바람의 느낌을 표현하는 데 알맞다.
　　　㉡ '닮다', '비슷하다'와 같은 어휘가 들어가야 알맞다.
　　　㉢ '주장하다'와 같은 어휘가 들어가야 알맞다.

03 무시하고 제외하고 포함하고

04 **1** 구분 **2** 분수

05 **1** ㉠ **2** ㉡ **3** ㉠

06 **1** (넘어 ｜ 너머) **2** (넘어 ｜ 너머)

07 ③ 아주 하찮은 일이나 매우 적은 분량

　　　윤지는 현서가 읽은 책이 적다고 하며 자신이 훨씬 많이 읽었다고 대답하였다. '새 발의 피'는 새의 작은 발에서 나
　　　오는 피라는 뜻으로 매우 적은 분량을 뜻한다.
　　　① '마른하늘에 날벼락'이라는 속담의 뜻이다.
　　　② '독 안에 든 쥐'라는 속담의 뜻이다.
　　　④ '간에 붙었다 쓸개에 붙었다 한다'라는 속담의 뜻이다.
　　　⑤ '친구 따라 강남 간다'라는 속담의 뜻이다.

08 막 대 그래프의 좋은 점과 막대그래프를 그리는 방법

　　　이 글에서는 세호가 조사한 내용을 정리하는 과정을 통해 막대그래프를 사용하여 자료를 정리했을 때 좋은 점과 막
　　　대그래프를 그리는 방법을 설명하였다.

09 ④ 조사한 여러 항목의 수량을 비교하기 편리하다.

　　　막대그래프는 조사한 수량을 막대의 길이로 나타내므로 여러 항목의 수량을 한눈에 볼 수 있어 편리하다.

10

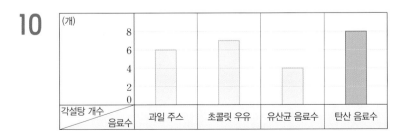

　　　탄산 음료수에는 각설탕 8개 분량의 설탕이 들어 있다고 하였다. 탄산 음료수의 막대그래프 길이를 세로축 8에 맞
　　　추어 그린다.

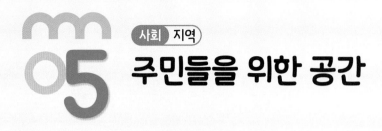

05 사회 지역 주민들을 위한 공간

01 ☑ 운영하다

02 ③ 같은 곳

03 방해 (손해) 오해

'손해'는 '물질적으로나 정신적으로 밑짐.'이라는 뜻이다.
- 방해: 남의 일을 간섭하고 막아 해를 끼침.
- 오해: 그릇되게 해석하거나 뜻을 잘못 앎. 또는 그런 해석이나 이해

04 ❶ 편 안 ❷ 불 편

05 ❶ (한곳) 한 곳) ❷ (한곳 (한 곳))

❶ 같은 곳을 가리키는 것이므로 '한곳'이 알맞다.
❷ 여러 군데 중 한 군데를 가리키는 것이므로 '한∨곳'이 알맞다.

06 ☑ 어려운 고비를 넘기고 편하게 지낼 수 있게 되다.

할머니는 가을에 일을 할 사람이 없다는 어려움을 겪었는데 가족의 도움을 받아 수확을 마쳤다. 할머니는 과일을 모두 수확한 다음 허리를 펴게 되었다고 하셨으므로 '허리를 펴다'가 어려움을 넘기고 편해졌다는 의미임을 알 수 있다. 첫 번째 문장은 '낮과 밤이 따로 없다'의 뜻이고, 세 번째 문장은 '손가락 안에 꼽히다'의 뜻이다.

07 ⑤ 친구의 도움을 받고는 그 친구가 도움을 바랄 때 모른 척하였다.

⑤는 도움이 되는 친구를 가까이하지만 자신이 도움을 주어야 할 상황이 되자 모른 척하였다. 자신의 이익만 챙긴 상황이므로 '달면 삼키고 쓰면 뱉는다'라는 속담을 쓰기에 알맞다.

08 공 공 기 관 의 종류와 하는 일

이 글에서는 공공 기관이 주민들의 이익과 편의를 위해 국가에서 운영하는 곳임을 설명한 뒤, 그 예를 들고 각각의 시설이 하는 일을 설명하였다.

09 ④ 지역 주민들의 이익과 편의를 돌본다.

공공 기관은 지역 주민들의 이익과 편의를 위해 국가에서 만든 시설이다.

10 ② 우체국은 물건을 맡아 보관해 준다.

우체국은 사람들의 편지나 물건 등을 원하는 곳에 배달해 주는 역할을 한다.

06 나에게 맞는 책

본문 28-31쪽

01 **1** 유익   **2** 해롭다

02 뜻 어떤 부분을 특별히 ((강하게)| 약하게) 주장하거나 두드러지게 하다.

03 **1** (고르다)| 지키다 | 붙이다   **2** 괴롭다 | 새롭다 | (이롭다)

> **1** '고르다'는 여럿 중에서 가려내거나 뽑는다는 뜻이다.
> • 지키다: 재산, 이익, 안전 따위를 잃거나 침해당하지 아니하도록 보호하거나 감시하여 막다.
> • 붙이다: 맞닿아 떨어지지 않게 하다.
> **2** '이롭다'는 이익이 있다는 뜻이다.
> • 괴롭다: 몸이나 마음이 편하지 않고 고통스럽다.
> • 새롭다: 지금까지 있은 적이 없다.

04 **1** 해충   **2** 피해

05 **1** 이로운   **2** 새로운

06 **1** [특별이 / (특별히)]   **2** [(깨끗이) / 깨끗히]

07 ⑤ 값이 같거나 같은 노력을 한다면 품질이 좋은 것을 선택한다는 말

> '같은 값이면 다홍치마'는 같은 조건이면 여럿 중에서 좋은 것을 선택한다는 뜻의 속담이다. 비슷한 속담으로 '기왕이면 다홍치마', '이왕이면 창덕궁'이 있다. ②는 '빛 좋은 개살구'를 설명한 말이다.

08 자신에게 맞는 [책]을 선택하는 방법

> 이 글에서는 자신에게 잘 맞는 책을 선택해야 함을 설명하면서, 그 구체적인 방법으로 내용이 유익하고 내용과 어휘의 수준이 자신에게 맞는 것을 선택해야 함을 제시하고 있다.

09 ⑤ 어린이들은 책에서 유익한 지식을 얻기 어렵다.

> 1문단에서 지식을 배워 나가는 어린이들은 다양한 책을 읽는 것이 좋다고 하였다. 이로 보아 어린이들도 책을 통해 유익한 지식을 얻을 수 있다는 것을 알 수 있다.

10 ③ 흥미를 느낄 수 있는 책만 골라 읽는다.

> 1문단에서 관심 있는 책만 읽으면 흥미롭게 읽을 수는 있겠지만 다양한 내용을 읽지 않게 되어 오히려 해롭다고 하였다.

07 조상들이 물려준 선물

본문 32-35쪽

01 보존

02 1 뜻 ((사람) 학생)으로서 마땅히 하여야 할 ((일) 말)

　　2 뜻 조상의 ((전통) 규칙)이나 문화유산, 업적 따위를 ((물려받아) 제외하여) 이어 가다.

03 1 (만들다) 따르다 ㅣ 조립하다 　　2 단절하다 ㅣ 승리하다 ㅣ (이어받다)

　　🗨 1 '만들다'는 힘과 기술을 들여서 없던 물건을 새로 생기게 한다는 뜻이다.
　　　• 따르다: (어떠한 행동을 남을) 좇아 하다.
　　　• 조립하다: 여러 부품을 하나의 구조물로 짜 맞추다.
　　　2 '이어받다'는 이미 이루어진 일의 결과나, 해 오던 일 또는 그 정신 따위를 전하여 받는다는 뜻이다.
　　　• 단절하다: 서로 연결된 관계를 끊다.
　　　• 승리하다: 겨루어서 이기다.

04 1 정의 　 2 의리

05 1 ((로서) 로써) 　 2 ((으로서) 으로써) 　 3 (으로서 (으로써))

06 1 (잇다 (있다)) 　 2 ((잇다) 있다)

07 ⑤ 어떤 일에 대한 책임, 의무를 마음에 두다.

　　🗨 이순신 장군은 적군을 막아서 백성들을 구해야 한다는 생각을 하며 전투에 나갔다는 의미이므로 '어깨에 지다'는
　　　⑤와 같은 뜻이다.
　　　① '어깨가 처지다'라는 말의 뜻이다.
　　　② '어깨를 펴다'라는 말의 뜻이다.
　　　③ '어깨가 가볍다'라는 말의 뜻이다.
　　　④ '어깨가 으쓱거리다'라는 말의 뜻이다.

08 문 화 유 산 의 뜻과 종류 및 가치

　　🗨 이 글에서는 문화유산의 뜻과 종류, 가치를 제시한 후 문화유산을 계승하고 보존해야 한다고 이야기하였다.

09 가치

　　🗨 1문단에서 문화유산은 대대로 내려온 문화 중에 다음 세대에 물려줄 만한 가치가 있는 것을 말한다고 하였다.

10 ⑤ 윤지: 문화유산을 계승하여 새로운 문화를 창조할 수 있어.

　　🗨 2문단의 마지막 문장에서 조상들이 남긴 문화유산을 계승하여 새롭고 가치 있는 문화를 창조해 나가자고 하였다.

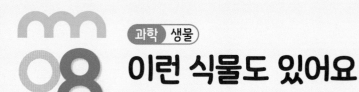

08 과학 생물

이런 식물도 있어요

본문 36-39쪽

01 ☑ 기름진

'기름지다'는 땅에 있는 흙이나 거름 따위가 기름지고 양분이 많다는 뜻이다.
- 험하다: 땅의 형세가 발을 디디기 어려울 만큼 사납고 가파르다.
- 평평하다: 바닥이 고르고 판판하다.
- 메마르다: 땅이 물기가 없고 기름지지 아니하다.

02 ㉢

㉢에는 '연락했다', '제안했다', '이야기했다' 등의 어휘가 들어가야 알맞다.

03 ⑤ 재미있게

'재미있다'는 아기자기하게 즐겁고 유쾌한 기분이나 느낌이 있다는 뜻이다.
① 괴롭다: 몸이나 마음이 편하지 않고 고통스럽다.
② 슬기롭다: 사리를 바르게 판단하고 일을 잘 처리해 내는 재능이 있다.
③ 심각하다: 상태나 정도가 매우 깊고 중대하다. 또는 절박함이 있다.
④ 지루하다: 시간이 오래 걸리거나 같은 상태가 오래 계속되어 따분하고 싫증이 나다.

04 **1** ㉡ **2** ㉢ **3** ㉠

05 **1** ㉠ **2** ㉡ **3** ㉠

06 ⑤ 외출하기 전에 <u>손으로</u> 머리를 다듬었다.

⑤의 '-으로'는 어떤 일의 수단, 도구를 나타내는 말이다.

07 ☑ 죽기 살기로

두 문장 모두 쉽게 해낼 수 있다는 의미의 말이 밑줄 그은 부분에 들어가야 한다. '죽기 살기로'는 '매우 열심히'라는 뜻이므로 알맞지 않다. '식은 죽 먹기', '땅 짚고 헤엄치기' 모두 일이 매우 쉽다는 뜻이다.

08 새끼 낳는 식물인 맹 그 로 브 , 곤충을 먹는 파 리 지 옥

이 글은 어미 나무에서 씨를 키워 새끼 나무가 되면 땅으로 내려보내는 맹그로브, 곤충을 먹는 파리지옥을 소개하고 있다.

09 ④ 파리지옥은 파리에게 필요한 영양분을 준다.

파리지옥은 파리를 잡아먹어서 부족한 영양분을 채운다.

10 ④ 씨앗이 물에 휩쓸리기 쉬워서

맹그로브가 사는 갯벌은 물이 들어왔다 나갔다 하기 때문에 씨앗이 물에 휩쓸리기 쉽다. 그래서 맹그로브는 어미 나무에서 씨를 키워 땅으로 내려보내는 방법으로 씨앗이 안전하게 뿌리 내릴 수 있게 하는 것이다.

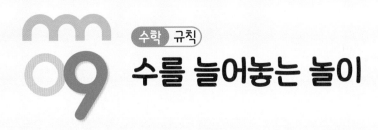

01 배열

02 ☑ 아빠는 캠핑에 쓸 도구들을 꼼꼼하게 **빠뜨렸다.**

> 첫 번째 문장에는 '꼼꼼하게'라는 어휘가 쓰였으므로 '빠뜨렸다' 대신에 '챙겼다', '정리했다' 등의 어휘가 어울린다.

03 ☑ **빼놓다**

> '빼놓다'는 한 무리에 들어가야 할 사람이나 물건을 그 무리에 넣지 않는다는 뜻으로 '빠뜨리다'와 뜻이 비슷하다.

04 **1** 중복 **2** 범람

05 **1** ㉡ **2** ㉠

06 ③ 일이 잘되게 하기 위해 둘 또는 여럿을 연결하다.

> 수희는 다예에게 유리를 소개해 달라고 말하고 있다. 수희 자신과 유리를 소개해 달라는 의미이므로 '다리를 놓다'
> 는 둘을 연결한다는 뜻이다.
> ① '목이 빠지게 기다리다'라는 말의 뜻이다.
> ② '손을 놓다'라는 말의 뜻이다.
> ④ '퇴짜를 놓다'라는 말의 뜻이다.
> ⑤ '다리를 건너다'라는 말의 뜻이다.

07 ② 이미 한 말을 자꾸 되풀이함

> '중언'과 '부언' 둘 다 말을 되풀이한다는 한자이므로 '중언부언'은 똑같은 말을 계속 되풀이한다는 뜻이다.
> ① '진퇴양난(進退兩難)'의 뜻이다.
> ③ '좌불안석(坐不安席)'의 뜻이다.
> ④ '일취월장(日就月將)'의 뜻이다.
> ⑤ '일거양득(一擧兩得)'의 뜻이다.

08 마 방 진 의 원리와 유래

> 이 글은 정사각형 안에 수를 배열하는 마방진의 원리를 설명하고 유래에 대해 살펴보고 있다.

09 ④ 가로, 세로, 대각선에 있는 수의 합이 같다.

> 1문단에서 마방진을 만드는 방법을 설명하고 있다. 마방진은 가로, 세로, 대각선에 있는 수의 합이 모두 같도록 수
> 를 배열한다.

10 ㉮ 5 ㉯ 8

> '3+㉮+7=15', '9+㉮+1=15', '4+㉮+6=15'이므로 ㉮는 5이다. '4+3+㉯=15', '㉯+1+6=15'이므로 ㉯는 8이다.

10 미래의 집

01  ☑ 작동하다

💬 첫 번째 문장은 컴퓨터가 움직이게 한다는 뜻의 어휘가 들어가야 하고, 두 번째 문장은 카메라가 움직인다는 뜻의 어휘가 들어가야 한다. '작동하다'는 기계가 기능대로 움직이거나 기계를 움직이게 한다는 뜻의 어휘이다.

02 뜻 기계나 장치가 (⟪목적⟫ | 수준)에 알맞은 작용을 하도록 (강조하다 | ⟪조절하다⟫).

03 ☑ 예고하는

04 **1** 제어 **2** 예고 **3** 실현

05 **1** [알맞는 / ⟪알맞은⟫] **2** [걸맞는 / ⟪걸맞은⟫] **3** [알맞는 / ⟪알맞은⟫] [걸맞는 / ⟪걸맞은⟫]

06 **1** 기 계 **2** 제 어 **3** 예 고

07 ③ 꿈을 실현하기 위해서는 자신의 노력이 중요하다.

💬 에디슨은 끝없는 노력 끝에 전구에 빛이 들어오는 실험을 성공했다. '하늘은 스스로 돕는 자를 돕는다'는 하늘은 스스로 노력하는 사람들이 성공하도록 도와준다는 뜻이다.
① '하룻강아지 범 무서운 줄 모른다'의 뜻이다.
② '우물 안 개구리'의 뜻이다.
④ '벼 이삭은 익을수록 고개를 숙인다'의 뜻이다.
⑤ '급하면 바늘허리에 실 매어 쓸까'의 뜻이다.

08 집안의 모든 사물이 네트워크로 연결되는 [스][마][트] 홈

💬 이 글에서는 외출하면 집의 상황을 제어할 수 없는 현재의 상황을 예로 든 뒤, 발달된 형태의 미래의 집인 스마트 홈의 개념과 특징을 설명하고 있다.

09 ㉠

💬 마지막 문장에서 사물에 인터넷을 연결하는 기술과 사람의 목소리를 인식해 기계를 작동시키는 기술이 발달하면 스마트 홈의 실현이 빨라진다고 하였다.

10 ④ 밖에서도 집안의 기기를 작동할 수 있을 것이기 때문이다.

💬 미래의 스마트 홈 시대에는 밖에서도 스마트폰 등을 이용해 집안의 모든 기기를 작동하고 제어할 수 있을 것이기 때문이다.

11 책을 읽고 써 봐요

본문 48-51쪽

01 전개

02 ☑ 흥미진진

03 **1** (원인) | 방법 | 순서 **2** 단순하다 | (복잡하다) | 간단하다

> **1** '원인'은 어떤 일을 일으키게 하는 근본이 된 일이나 사건이라는 뜻이다.
> • 방법: 어떤 일을 해 나가거나 목적을 이루기 위해 취하는 방식이나 수단
> • 순서: 정해져 있는 차례
> **2** '복잡하다'는 일이나 감정이 겹치고 얽혀 있다는 뜻이다.
> • 단순하다: 복잡하지 않고 간단하다.
> • 간단하다: 단순하고 손쉽다.

04 **1** 개장   **2** 공개

05 **1** 빠지다   **2** 나오다   **3** 몰려다니다

06 **1** 짤 막 하 게   **2** 간 략 하 게

07 ⑤ 그 물건은 셀 수 없이 많아서 구하기가 정말 어려웠다.

> '셀 수 없이'는 '매우 많이'라는 뜻으로 셀 수 없이 많다면 물건을 구하기가 쉬웠을 것이므로 ⑤는 '셀 수 없이'라는
> 말의 뜻과 어울리지 않게 쓰인 문장이다.

08 독 서 감 상 문 을 쓰는 방법

> 이 글에서는 독서 감상문의 뜻을 설명한 뒤에, 독서 감상문을 쓰는 방법으로 동기 밝히기, 내용 정리하기, 흥미를
> 느꼈던 부분과 글을 읽은 후의 느낌 쓰기와 같은 방법을 설명하고 있다.

09 ① 책을 읽은 뒤 책에 대해 적은 글

> 책이나 글을 읽고 난 뒤에 책의 내용과 책을 읽은 느낌을 적은 글을 독서 감상문이라 한다.

10 ④ 자신의 생각이나 느낌은 빼고 책의 내용만을 쓴다.

> 독서 감상문을 쓸 때는 책 속 내용을 쓰는 것도 중요하지만, 책을 읽으면서 자신이 느꼈던 감정이나 생각을 쓰는 것
> 도 중요하다.

01 ☑ 벗어났을

02 ☑ 경기 중에 상대 선수를 배려하는 그 선수의 모습이 <u>무분별하다</u>.

03 **1** 서식지 **2** 무분별 **3** 멸종

04 **1** 지 하 **2** 지 구

05 **1** 무관심 **2** 무기한

06 ☑ 자리를 잡다

　　💬 동생이 원숭이를 보려고 공간을 차지하고 앉아 한참을 머무른 것이므로 '자리를 잡다'를 사용하는 것이 알맞다.

07 ③ 팔을 다친 준희가 다리를 다친 수지를 걱정해 주는 상황

　　💬 다친 상황에 처한 준희가 다른 사람이 다친 것을 걱정하고 딱하게 여기고 있으므로 ③이 '동병상련'을 사용할 상황
　　　으로 알맞다.
　　　① '박장대소(拍掌大笑)'가 알맞다. 손뼉을 치며 크게 웃는다는 뜻이다.
　　　② '동문서답(東問西答)'이 알맞다. 동쪽을 묻자 서쪽을 답한다는 말로 질문에 대해 엉뚱한 대답을 한다는 뜻이다.
　　　④ '배은망덕(背恩忘德)'이 알맞다. 남에게 입은 은혜를 저버리고 배신하는 태도가 있다는 뜻이다.
　　　⑤ '부화뇌동(附和雷同)'이 알맞다. 줏대 없이 남의 의견에 따라 움직인다는 뜻이다.

08 동물이 멸 종 하는 이유와 이를 막기 위한 노력

　　💬 이 글에서는 멸종 위기에 처한 동물들을 소개한 뒤 동물이 멸종 위기에 처한 이유를 설명하였다. 이어서 모든 생물
　　　이 서로 영향을 주고받음을 언급하면서 우리나라를 비롯한 세계의 여러 나라에서 멸종 위기에 처한 생물을 보호하
　　　기 위해 노력하고 있다고 하였다.

09 ② 자연 보호

　　💬 1문단에서 자연을 무분별하게 개발하여 동물들이 멸종될 위기에 처했다고 했다. 그러므로 자연을 보호하는 것은 동
　　　물이 멸종되는 것을 막는 방법 중 하나이다.

10 ② 다른 동물을 해치는 동물을 없앤다.

　　💬 2문단에서 모든 생물은 서로 영향을 주고받는다고 하였다. 다른 동물을 해치는 동물이라도 멸종하면 그 동물 때문
　　　에 영향을 받는 동물이 생긴다. 그러므로 다른 동물을 해친다고 하여 그 동물을 없애는 것은 멸종을 막기 위한 노력
　　　이라고 볼 수 없다.

13 처음으로 세운 나라

01 ☑ 시조

02 뜻 어떤 일을 ((책임)| 주장)을 지고 맡아 ((관리하다)| 계승하다).

03 ㉢

04 (존경한다)| 창조한다 | 강조한다

05 **1** ㉡ **2** ㉠ **3** ㉢

06 ☑ 힘겨운 고비를 넘기고 좀 여유를 갖다.

> 아저씨는 무거운 짐을 지고 언덕을 오르는 힘든 일을 마치고서 여유를 찾은 상황이다. 그러므로 '한숨을 돌렸다'는 고비를 넘기고 여유를 갖게 되었다는 뜻임을 알 수 있다.
> 첫 번째 문장은 '귓전에 맴돌다', 세 번째 문장은 '발이 묶이다'의 뜻이다.

07 ④ 비 온 뒤에 땅이 굳어진다

> 친구와 싸웠지만 대화를 나누고 화해하게 되면 싸우기 전보다 더 친해질 것이라는 뜻을 나타내야 하므로 '어떤 시련을 겪은 뒤에 더 강해진다.'라는 뜻의 ④가 알맞다.
> ① 시작이 반이다: 무슨 일이든지 시작이 어렵지 시작하면 일을 마치기는 어렵지 않다는 말
> ② 빈 수레가 요란하다: 실속 없는 사람이 겉으로 더 떠들어 댄다는 말
> ③ 아니 땐 굴뚝에 연기 날까: 원인이 없으면 결과가 있을 수 없다는 말
> ⑤ 똥 묻은 개가 겨 묻은 개 나무란다: 자기는 더 큰 흉이 있으면서 도리어 남의 작은 흉을 본다는 말

08 단 군 왕 검 이야기에 나타난 사회의 모습

> 이 글은 단군왕검이 고조선을 세우게 된 이야기와 그 이야기에서 알 수 있는 고조선 사회의 모습에 대해 설명하고 있다.

09 ④ 곰이 변한 여자와 환웅 사이에서 단군이 태어났다.

> 곰과 호랑이 중에 곰만이 시련을 이겨 내고 여자로 변하였다. 그리고 그 여자와 환웅이 결혼하여 단군왕검이 태어났다.

10 ③ 농사를 중요시했다.

> 환웅이 바람, 비, 구름을 주관하는 신하와 함께 인간 세상에 온 것에서 농사를 중요하게 생각한 사회였다는 것을 알 수 있다.

14 물의 여행

01 증발

02 ① 내면 | 정면 | (겉면)   ② (모이다) | 퍼지다 | 헤어지다

> ① '겉면'은 바깥으로 드러나 있는 면이라는 뜻이다.
> • 내면: 물건의 안쪽
> • 정면: 똑바로 마주 보이는 면
> ② '모이다'는 한데 합쳐지거나 합친다는 뜻이다.
> • 퍼지다: 끝 쪽으로 가면서 점점 넓어지거나 굵어지다.
> • 헤어지다: 모여 있던 사람들이 따로따로 흩어지다.

03 ② 맺혔다

04 ㉢

> ㉢은 약속 장소에 친구들이 왔다는 뜻이므로 '모이다'를 써야 알맞다.

05 ① ㉠   ② ㉡   ③ ㉠

06 ① 액체   ② 기체   ③ 고체

07 ③ 겉 다르고 속 다르다

> ③은 겉으로 드러나는 행동과 마음속으로 품고 있는 생각이 서로 달라서 사람의 됨됨이가 바르지 못함을 이르는
> 말이다. 제시된 글 속의 신하는 행동과 속마음이 다르므로 ③을 사용하기에 알맞다.
> ① 땅 짚고 헤엄치기: 아주 하기 쉬운 일을 이르는 말
> ② 마른 하늘에 날벼락: 뜻하지 않은 상황에서 뜻밖에 입는 재난을 이르는 말
> ④ 같은 값이면 다홍치마: 값이 같거나 같은 노력을 한다면 품질이 좋은 것을 택한다는 말
> ⑤ 벼는 익을수록 고개를 숙인다: 교양이 있는 사람일수록 더욱 겸손해짐을 이르는 말

08 지구 안에서 돌고 도는 물 의 순환

> 이 글은 물이 지구 안에서 순환하는 과정을 설명하고, 이러한 순환을 가능하게 하는 물의 특징을 설명하고 있다.

09 ① 물이 증발하면 기체가 된다.

> 1문단에서 태양열에 바닷물이 증발되어 수증기 즉 기체로 변한다고 하였다.

10 ㉡

> 물의 순환을 그린 그림에서 수증기가 된 물들이 구름이 되는 부분을 찾으면 된다.

15 삼각형의 힘

본문 64-67쪽

01 뜻 부분이나 성분이 어떤 ((전체)| 정도)를 짜서 이루어진 짜임새

02 ☑ 견뎠다

제시된 문장은 태풍에도 나무가 부러지지 않고 제 형태를 유지하며 버텼다는 뜻이다. 원래의 상태나 형태를 잘 유지한다는 뜻의 '견디다'와 밑줄 그은 말의 뜻이 비슷하다.
- 알리다: 사물이나 상황에 대한 정보나 지식을 알게 하다.
- 휩쓸리다: 물, 불, 바람 따위에 모조리 한 방향으로 몰려 쏠리다.
- 이어받다: 앞의 것, 이미 이루어진 결과, 해 오던 일 등을 뒤이어 넘겨받다.

03 ☑ 이상한

04 1 견디다 2 안정 3 막대하다 4 구조

05 1 ㉡ 2 ㉠

06 1 불가능 2 불완전

1 '가능'은 할 수 있거나 될 수 있다는 뜻이다.
2 '완전'은 필요한 것이 모두 갖추어져 모자람이나 흠이 없다는 뜻이다.

07 ☑ 많으면 많을수록 더욱 좋다.

첫 번째 문장은 '시종일관(始終一貫)', 세 번째 문장은 '명약관화(明若觀火)'라는 한자 성어의 뜻이다.

08 삼 각 형 구조의 안정성

삼각형이 다른 도형에 비해 안정적임을 설명하며, 이 때문에 건축물에 삼각형 구조를 많이 활용한다는 것을 설명하고 있다.

09 ② 삼각형 구조는 외부의 힘을 잘 견디지 못한다.

외부의 힘에 따라 형태가 잘 변하면 건축물의 형태를 안정적으로 유지할 수 없다. 삼각형은 외부의 힘에도 모양이 변하지 않고 안정된 형태를 유지해 건축물에 많이 사용된다.

10 에펠탑

에펠탑과 피라미드는 삼각형 구조로 만들어진 건축물이다. 이들은 모두 삼각형의 안정적인 특성을 이용하여 지어졌다.

16 칭찬합시다

국어 말하기

01 1 보잘것없다 2 잠재

02 1 ㉡ 2 ㉠

03 ☑ 두루뭉술하게

• 생생하다: 바로 눈앞에 보는 것처럼 또렷하다.
• 깐깐하다: 행동이나 성격이 꼼꼼하고 까다롭다.
• 자연스럽다: 억지로 꾸미거나 인공적인 데가 없어 어색하지 않다.

04 ☑ 볼품없는

'볼품없다'는 겉으로 드러나 보이는 모습이 초라하다는 뜻이다. 볼만한 가치가 없을 정도로 하찮다는 뜻의 '보잘것 없다'와 뜻이 비슷하다.

05 1 (무슨 어떤) 2 (무슨 어떤) 3 (무슨 어떤)

06 ☑ 제 눈에 안경

동생은 나와 엄마가 고른 예쁜 옷을 싫다고 하고 자신이 고른 옷이 예쁘다고 하였다. 다른 사람이 고른 좋은 물건보다 자기 마음에 드는 물건이 좋다고 하는 상황이므로 '제 눈에 안경'을 쓰는 것이 알맞다.

07 ☑ 결정을 잘 못하는 것으로 보아 민지는 _____ 한 성격이다.

결정을 내리지 못하는 태도는 '우유부단'하다고 표현할 수 있다.
• 첫 번째 문장에는 지나친 것은 미치지 못한 것과 같다는 뜻으로 한쪽으로 치우치지 않는 상태가 중요함을 뜻하는 '과유불급(過猶不及)'을 넣을 수 있다.
• 두 번째 문장에는 처지를 바꿔서 생각해 본다는 의미인 '역지사지(易地思之)'를 넣을 수 있다.

08 칭 찬 의 효과와 칭찬하는 방법

이 글에서는 칭찬을 하면 좋은 방향으로 변화한다는 칭찬의 효과와, 칭찬하는 방법을 설명하고 있다.

09 자신감

1문단에서 칭찬을 들으면 자신감이 생기고 더 열심히 노력하는 좋은 효과가 있다고 하였다.

10 ① 결과에 대해서만 칭찬한다.

2문단에서 결과를 얻기까지 상대방이 노력한 점을 칭찬하는 것이 좋다고 하였다.

17 기업이 경쟁하는 까닭

본문 72-75쪽

01 1 저렴   2 후유증

02 뜻 잘못된 것이나 부족한 것, (좋은 것 | 나쁜 것) 따위를 고쳐 더 (좋게 | 나쁘게) 만들다.

03 1 고치다 | 사용하다 | 부족하다   2 겨루다 | 경험하다 | 뒤처지다

04 1 식 후   2 후 기

05 ③ 겨루다 - 다투다

'겨루다'는 '서로 버티어 승부를 다투다.'라는 뜻이고, '다투다'는 '승부나 나음과 못함을 겨루다.'라는 뜻이다. 이 두 어휘는 뜻이 비슷하다.

06 1 눕히다   2 읽히다

1 '아이가 눕다.'는 아이가 스스로 누웠다는 뜻이고, '엄마가 아이를 눕히다.'는 엄마가 아이를 눕게 만들었다는 뜻이다.
2 '동생이 책을 읽다.'는 동생 스스로 책을 읽는다는 뜻이고, '아빠가 동생에게 책을 읽히다.'는 아빠가 동생에게 책을 읽도록 만들었다는 뜻이다.

07 ② 두 회사가 물건값을 싸게 파는 대신 많은 물건을 팔아 이익을 남겼다.

'어부지리(漁父之利)'는 서로 이익을 얻으려 싸우는 상황에서 제삼자가 이익을 얻는 경우에 사용되는 말이다. ②는 경쟁하는 두 회사가 모두 이익을 낸 경우이므로 어부지리와 관련이 없다. 물건값을 싸게 한 대신 많은 물건을 팔아 이익을 남긴 경우이므로 '이익을 적게 보고 많이 파는 것'을 나타내는 '박리다매(薄利多賣)'로 설명할 수 있다.

08 기업이 경 쟁 하는 방법과 가격 경쟁의 부정적인 면

이 글에서는 기업이 이익을 얻기 위해 다른 기업과 경쟁할 때 활용하는 여러 방법을 설명하고, 가격을 낮추는 방법을 사용했을 때 기업의 실제 이익이 줄어드는 상황이 발생할 수도 있음을 설명하였다.

09 ① 이익을 얻기 위해서

기업이 무엇을 위해 다른 기업과 경쟁한다고 했는지 찾아야 한다. 1문단의 첫 문장에서 기업은 이익을 얻기 위해 다른 기업과 경쟁한다고 하였다.

10 ⑤ 정해진 사람에게만 상품을 판매한다.

이 글에서는 기업이 경쟁하는 방법으로 광고를 활용하여 상품이나 서비스를 홍보하는 방법, 가격을 내리는 방법, 품질과 서비스를 개선하는 방법 등을 설명하였다.

01 ① 연계 ② 확인

02 운행

03 ① 계속하다 | (연결하다) | 연습하다 ② (돌다) | 변하다 | 운전하다

> ① '연결하다'는 사물이나 현상 등이 서로 이어지거나 관계를 맺는다는 뜻이다. 어떤 일이나 사람과 관련하여 관계를 맺는다는 뜻의 '연계하다'와 뜻이 비슷하다.
> ② '돌다'는 일정한 범위 안을 이리저리 왔다갔다한다는 뜻도 지니고 있다. 일정한 간격을 두고 자꾸 되풀이하여 돈다는 뜻의 '순환하다'와 뜻이 비슷하다.

04 ① 정확 ② 확신

05 ① ((운행)| 운항) ② (운행 |(운항)) ③ ((운행)| 운항)

06 ☑ 입에 달고 다니다

> 은서가 배가 고프다는 말을 자주 사용하는 상황이므로 말 따위를 습관처럼 되풀이하거나 자주 사용하는 상황에서 쓸 수 있는 '입에 달고 다니다'가 알맞다.

07 ☑ 당당하게 주장하라.

> '돌다리도 두들겨 보고 건너라'는 잘 아는 일이라도 세심하게 주의를 하라는 말로, 쉬워 보이는 일이라도 신중하게 여러 번 확인하라는 의미를 담고 있다.

08 버 스 의 종류와 특징

> 이 글에서는 버스의 종류를 지선 버스, 간선 버스, 도심 순환 버스, 광역 버스로 나눈 뒤 각 버스의 특징을 설명하고 있다.

09 ③ 여러 사람이 함께 이용한다.

> 1문단에서 대중교통은 여러 사람들이 함께 이용하는 버스, 지하철, 기차와 같은 교통수단이라고 하였다.

10 ② 지선 버스   초록색   지역 안 구석구석을 연결한다.

> 초록색 지선 버스는 지역 안 구석구석을 연결하는 역할을 한다.
> ① 지선 버스는 초록색이다.
> ③ 간선 버스는 지역 안에서 먼 거리를 운행한다.
> ④ 도심 순환 버스는 지역 안을 순환하면서 운행한다.
> ⑤ 광역 버스는 빨간색이며 서울과 주변의 대도시를 연결한다.

19 대기가 하는 일

본문 80-83쪽

01 **1** 필수 **2** 대기

02 뜻 어떤 물체가 다른 물체에 ((맞붙어) 떨어져) 사이에 빈틈이 (있게 (없게)) 되다.

03 ㉠

04 **1** 닿다 **2** 세균 **3** 필수

05 **1** ㉠ **2** ㉡ **3** ㉠

06 ☑ 아무렇지도 않게 자주 하다.

오답풀이 양치기 소년이 거짓말에 재미가 들려서 늑대가 왔다는 거짓말을 자꾸 했다는 뜻이다. 그러므로 '밥 먹듯 하다'는 아무렇지 않게 자주 그 일을 했다는 뜻이다.
• 두 번째 문장은 '변덕이 죽 끓듯 하다'의 뜻이다.
• 세 번째 문장은 '겉과 속이 다르다'의 뜻이다.

07 ③ 작은 것을 탐하다가 큰 것을 잃는다.

오답풀이 수호는 이미 사탕이 많은데도 조금 더 가지려다가 결국 가지고 있던 많은 사탕까지 잃었으므로, '소탐대실'의 뜻이 ③임을 알 수 있다.
① '대동소이(大同小異)'의 뜻이다.
② '역지사지(易地思之)'의 뜻이다.
④ '풍전등화(風前燈火)'의 뜻이다.
⑤ '비일비재(非一非再)'의 뜻이다.

08 대 기 가 하는 여러 가지 역할

오답풀이 이 글은 대기가 어떤 역할을 하는지 설명하고 있다.

09 ☑ 세균을 없애 준다.

오답풀이 세균을 없애 주는 것은 태양에서 나오는 빛 중에서 자외선의 역할이다.

10 ⑤ 지구의 생명체를 지키는 방패

오답풀이 대기는 지구의 온도를 일정하게 유지해서 생명체가 살아갈 수 있게 하고, 자외선을 막아 주며, 우주의 물질이 지구에 떨어지지 않도록 하여 생명체를 보호하는 역할을 한다. 이에 가장 어울리는 이름은 ⑤이다.

20 신발을 만드는 재료

본문 84-87쪽

01 ③ 탄력

02 ❶ 유연하다 ❷ 특수하다 ❸ 접촉하다

03 ❶ 거칠다 | (부드럽다) | 뻣뻣하다 ❷ 떼다 | (맞닿다) | 떨어지다

04 ❶ 특 기 ❷ 특 징

05 ❶ 탄 력 ❷ 곤 란 ❸ 논 란

06 ③ 공기가 팽팽하여

주호와 현서가 싸우자 반 분위기가 편안하지 못하게 된 상황이므로 분위기가 몹시 긴장되어 있다는 뜻의 ③이 알맞다.
① 남의 말을 쉽게 받아들인다는 뜻이다.
② 바른 정신을 가지지 못하고 비정상적으로 생각하거나 행동한다는 뜻이다.
④ 앞으로 일어날 일이 의심할 여지가 없이 아주 명백하다는 뜻이다.
⑤ 신중히 이것저것 생각하지 아니하고 마구 행동한다는 뜻이다.

07 ⑤ 평소 상냥하던 선호가 잘못된 행동을 한 진수를 보고 꾸짖는 상황

평소에 성격이 부드러워 보이던 선호가 친구의 잘못된 행동을 고치려는 강한 의지를 보여 주고 있으므로 '외유내강'을 사용하기에 알맞다.
① 승승장구(乘勝長驅): 싸움에 이긴 형세를 타고 계속 몰아친다는 뜻이다.
② 일편단심(一片丹心): 한 조각의 붉은 마음이라는 뜻으로, 진심에서 우러나오는 변치 아니하는 마음을 이른다.
③ 설상가상(雪上加霜): 눈 위에 서리가 덮인다는 뜻으로, 난처한 일이나 불행한 일이 잇따라 일어남을 이른다.
④ 동병상련(同病相憐): 같은 병을 앓는 사람끼리 서로 가엾게 여긴다는 뜻으로, 어려운 처지에 있는 사람끼리 서로 가엾게 여김을 이른다.

08 신 발 을 만드는 데 사용하는 여러 가지 물질

이 글은 신발이 쓰임새에 따라 가죽, 고무, 나무, 플라스틱 등의 다양한 물질로 만들어졌다고 설명하고 있다.

09 ② 육상 가볍고 물렁한 고무

육상 선수들의 신발은 가볍고 바닥이 단단해야 하므로 특수한 플라스틱으로 밑창을 만든다.

10 ④ 쓰임새에 맞게 하려고

등산화, 육상 선수의 신발, 역도 선수의 신발, 배드민턴 선수의 신발이 다양한 물질로 만들어지는 까닭은 각각의 목적과 쓰임새에 맞춰 편리하게 사용하기 위해서이다.

1 예고

2 세균

3 경쟁

4 ㄴ

> ㄱ은 '필수'의 뜻이다. 예 공부를 잘하려면 노력이 필수이다.

5 ㄴ

> ㄱ은 '생활'의 뜻이다. 예 여름 방학 기간에 할머니 댁에서 생활하기로 했다.

6 ④ 땅이 기름지지 못하고 몹시 메마르다.

> ① '손질하다'의 뜻이다. 예 아버지께서 오징어를 손질하셨다.
> ② '처하다'의 뜻이다. 예 이 야생 동물은 멸종 위기에 처했다.
> ③ '견디다'의 뜻이다. 예 나무는 태풍을 견디고 살아남았다.
> ⑤ '휩쓸리다'의 뜻이다. 예 빗물에 쓰레기가 휩쓸려 떠내려왔다.

7 ④ 동기: 내용을 진행하여 발전시키며 펴 나가다.

> ④는 '전개'의 뜻이다. 예 영화가 시작되고 주인공의 이야기가 본격적으로 전개되었다.
> '동기'는 '어떤 일이나 행동을 일으키게 하는 원인이나 기회'라는 뜻이다. 예 봉사를 시작한 동기는 어려운 사람을
> 도와주는 할머니를 본받고 싶어서이다.

8 ④ 실현하다

> '실현하다'는 '꿈, 기대 따위를 실제로 이루다.'라는 뜻이다. 선생님이 되고 싶었던 꿈을 이루고, 마음속에 품어 온 뜻
> 을 이뤘다는 내용에는 '실현하다'가 어울린다.

9 ④ 우리의 전통문화를 배열하여 후손에게 물려줘야 한다.

> '배열하다'는 '일정한 차례나 간격에 따라 벌여 놓다.'라는 뜻으로 ④의 문장에 어울리지 않는다. 예 좋아하는 순
> 서대로 책을 책장에 배열했다. ④에는 '잘 지니고 상하거나 없어지지 않도록 하다.'라는 뜻의 '보존하다'라는 어휘가
> 어울린다.

10 ☑ 흥미롭다.

> '흥미롭다'는 '즐거움을 느끼는 재미가 있다.', '막대하다'는 '더할 수 없을 만큼 많거나 크다.'라는 뜻이다. 예 이 섬
> 은 아름답기로 유명해서 관광 수익이 막대하다.

11 ☑작동하다.

'작동하다'는 '기계 따위가 기능대로 움직이다. 또는 기계 따위를 움직이게 하다.', '창조하다'는 '전에 없던 것을 처음으로 만들거나 이루다.'라는 뜻이다.   예 그 피아니스트는 새로운 연주 기법을 <u>창조했다</u>.

12 ④ 빼놓다, 빠뜨리다

'빼놓다'는 '뽑아 놓다.', '빠뜨리다'는 '빼어 놓아 버리다.'라는 뜻으로 두 어휘의 뜻이 비슷하다. ①, ②, ③, ⑤는 뜻이 반대인 어휘끼리 짝 지은 것이다.

13 ④ 신분

'의무'는 '사람으로서 마땅히 해야 할 일'이라는 뜻이다.
④ '신분'은 '개인이 자기가 속해 있는 사회 안에서 가지고 있는 역할이나 지위'라는 뜻이다.

14 ② 이익, 손해

'이익'은 '물질적으로나 정신적으로 보탬이 되다.', '손해'는 '돈이나 재산을 잃거나 해를 입는 것'이라는 뜻이어서 두 어휘의 뜻이 반대이다. ①, ③, ④, ⑤는 뜻이 비슷한 어휘끼리 짝 지은 것이다.

15 운행

16 구조

17 주관

18 ③ 한숨을 돌리다

'한숨'은 '근심이나 설움이 있을 때, 또는 긴장하였다가 안도할 때 길게 몰아서 내쉬는 숨'을 말한다. 한숨을 돌린다는 것은 안도할 만한 상황이 되었다는 뜻이다.
① 일정한 지위나 공간을 차지하다.
② 일이 잘되게 하기 위해 둘 또는 여럿을 연결하다.
④ 말을 습관처럼 되풀이하거나 자주 사용하다.
⑤ 필요 이상의 돈을 쓰지 않고 꾸밈없이 생활하다.

19 ③ 시련을 겪고 좌절하고 있는 '민지'

시련을 겪고 있는 민지에게 이 속담을 통해 시련을 잘 이겨 내면 더 강한 사람이 될 거라는 뜻을 전달할 수 있다.

20 ① 큰 것

실력 확인 2회

1 한곳

2 연계

3 시조

4 ③ 말이나 행동 따위가 꼼꼼하거나 분명하지 않다.

> ① '보잘것없다'의 뜻이다.
> ② '전개'의 뜻이다.
> ④ '잠재'의 뜻이다.
> ⑤ '구성'의 뜻이다.

5 ⑤ 오늘 본 영화는 매우 흥미진진해서 하품이 나왔다.

> '흥미진진하다'는 '넘쳐흐를 정도로 흥을 느끼는 재미가 많다.'라는 뜻으로, 하품이 나온다는 ⑤의 문장에 어울리지 않는다. ⑤에는 '시간이 오래 걸리거나 같은 상태가 오래 계속되어 따분하고 싫증이 나다.'라는 뜻의 '지루하다'라는 어휘가 어울린다.

6 ④ 반복해서

> '중복하다'는 '되풀이하거나 겹치다.'라는 뜻으로, '반복하다, 되풀이하다'와 바꾸어 쓸 수 있다.
> ① '보관하다'는 '물건을 맡아서 간직하고 관리하다.'라는 뜻이다.
> ② '운영하다'는 '조직이나 기구, 사업체 따위를 관리하고 움직이게 하다.'라는 뜻이다.
> ③ '대처하다'는 '어떤 일이나 사건에 대하여 알맞은 조치를 하다.'라는 뜻이다.
> ⑤ '제어하다'는 '기계나 장치가 목적에 알맞은 작용을 하도록 조절하다.'라는 뜻이다.

7 ㉠

> ㉡은 '분량'의 뜻이다.　예 이 책은 분량이 적어서 읽기에 부담이 없다.

8 ㉠

> ㉡은 '개선'의 뜻이다.　예 공원 화장실을 개선해서 사용하기에 편리해졌다.

9 ☑ 저렴하다.

> '저렴하다'는 '물건 따위의 값이 싸다.', '유익하다'는 '이롭거나 도움이 될 만한 것이 있다.'라는 뜻이다.

10 ☑ 숭배했다.

> '숭배하다'는 '우러러 공경하다.', '보존하다'는 '잘 지니고 상하거나 없어지지 않도록 하다.'라는 뜻이다.

11 ① 확인

'확인'은 '틀림없이 그런지를 알아보거나 인정하다. 또는 그런 인정'이라는 뜻이다. 수도꼭지를 잘 잠갔는지 알아본다거나 내용물이 무엇인지 알아본다는 내용에는 '확인'이 어울린다.

12 ② 무분별: 서로 다른 일이나 사물을 구별하다.

②는 '분별'의 뜻이다. '무분별'은 '바른 생각이나 판단을 할 줄 모르다.'라는 뜻이다.

13 ④ 견디다, 버티다

'견디다'는 '원래의 상태나 형태를 잘 유지하다.', '버티다'는 '주위 상황이 어려운 상태에서도 굽히지 않고 맞서 견디어 내다.'라는 뜻으로 두 어휘의 뜻이 비슷하다. ①, ②, ③은 뜻이 반대되는 어휘끼리 짝 지은 것이다.

14 ⑤ 닿다, 떨어지다

'닿다'는 '어떤 물체가 다른 물체에 맞붙어 사이에 빈틈이 없게 되다.', '떨어지다'는 '달렸거나 붙었던 것이 갈라지거나 떼어지다.'라는 뜻이어서 두 어휘의 뜻이 반대이다. ①, ②, ③, ④는 뜻이 비슷한 어휘끼리 짝 지은 것이다.

15 전개

16 운영

17 순환

18 ④ 우리는 <u>허리띠를 졸라매고</u> 앉아서 아름다운 노을을 감상했다.

'허리띠를 졸라매다'는 '필요 이상의 돈을 쓰지 않고 꾸밈없이 생활하다.'라는 뜻으로 앉아서 아름다운 노을을 감상한다는 내용에 어울리지 않는다. ④에는 '일정한 지위나 공간을 차지하다.'라는 뜻의 '자리를 잡다'가 어울린다.
① 밥 먹듯 하다: 아무렇지도 않게 자주 하다.
② 눈에 띄다: 두드러지게 드러나다.
③ 공기가 팽팽하다: 분위기가 몹시 긴장되어 있다.
⑤ 어깨에 지다: 어떤 일에 대한 책임, 의무를 마음에 두다.

19 ① 넓은 세상의 형편을 알지 못하다.

'우물 안 개구리'는 우물 안에서 보는 세상이 세상의 전부라고 생각하는 개구리를 말하는 것으로, 넓은 세상의 형편을 알지 못하는 사람을 가리킨다.
② '하늘은 스스로 돕는 자를 돕는다'의 뜻이다.
③ '달면 삼키고 쓰면 뱉는다'의 뜻이다.
④ '같은 값이면 다홍치마'의 뜻이다.
⑤ '겉 다르고 속 다르다'의 뜻이다.

20 ③ 이익

속담·한자 성어 깊이 알기

우물 안 개구리
—
본문 14쪽

'우물'은 예전에 물을 얻기 위해 땅을 파서 물이 고이게 한 곳입니다. 이런 우물 안에서 태어나고 자란 개구리는 당연히 우물 안에서 보는 세상이 전부라고 생각합니다. 즉 자신이 본 물, 작은 공간, 작은 하늘이 이 세상의 전부라고 생각하는 것입니다. 이렇듯 '우물 안 개구리'는 지식과 경험이 적어 자기만 잘난 줄로 아는 사람을 가리킬 때 사용합니다.

예) 전국 노래 대회에 나가니 내가 <u>우물 안 개구리</u>였다는 것을 깨달았다.

달면 삼키고 쓰면 뱉는다
—
본문 26쪽

음식을 먹을 때 음식이 달면 삼키고 쓰면 뱉는 경우가 있습니다. 인간 관계로 넓혀 생각하면 단 음식은 자신에게 이익이 되는 사람이고, 쓴 음식은 자신에게 이익이 되지 않는 사람을 의미합니다. 즉 이 속담은 자신에게 이익이 되는 사람이나 물건은 귀하게 여기고, 자신에게 이롭지 않으면 옳고 그름에 상관없이 싫어한다는 뜻을 가지고 있습니다. 같은 뜻을 가진 한자 성어로 '감탄고토(甘呑苦吐)'가 있습니다.

예) <u>달면 삼키고 쓰면 뱉는다</u>고 그 친구는 자신에게 필요할 때만 나를 찾아온다.

비 온 뒤에 땅이 굳어진다
—
본문 58쪽

비가 오면 땅이 젖어 흙은 질척거리고 군데군데 물웅덩이가 생깁니다. 하지만 비가 그친 뒤에는 질척거리던 땅과 물웅덩이가 마르면서 더욱 단단하게 굳어집니다. 이 속담은 비 온 뒤에 땅이 단단하게 굳어지는 것처럼 어떤 시련을 겪은 뒤에 더 강해진다는 뜻을 가지고 있습니다.

예) <u>비 온 뒤에 땅이 굳어진다</u>고 어제까지만 해도 싸워서 말도 안 하던 두 친구가 오늘은 예전보다 더 친하게 다닌다.

겉 다르고 속 다르다
—
본문 62쪽

사람의 겉과 속이 다르다는 말로, 겉으로 드러나는 행동과 마음속으로 품고 있는 생각이 서로 달라서 사람의 됨됨이가 바르지 못하다는 뜻을 가진 속담입니다. "겉과 속이 다르다", "겉 보기와 안 보기가 다르다."라고도 합니다.

예) 그는 사람들이 앞에 있을 때는 웃으면서 칭찬을 하다가 사람들이 없는 데에서는 흉을 보는 <u>겉과 속이 다른</u> 사람이다.

동병상련

본문 54쪽

같다	동 (同)
병	병 (病)
서로	상 (相)
불쌍히 여기다	련 (憐)

이 한자 성어는 같은 병, 즉 어려운 상황에 있는 사람끼리 서로 가엾게 여긴 다는 뜻입니다. 중국 오나라에는 초나라에서 온 오자서와 백비가 있었습니다. 오자서는 초나라를 배신했다는 오해를 받아 오나라로 도망쳐 왔고, 백비 역시 초나라에서 비슷한 일을 당해 오나라로 왔습니다. 오자서는 자신과 비슷한 처지인 백비에게 동정심을 느껴 그가 벼슬을 받게 도와주었습니다. 이 한자 성어는 오자서가 백비에게 대했던 것처럼 비슷한 상황에 놓인 사람이 서로 어려움을 나누고 위로하는 모습을 나타냅니다.

예 같은 아픔을 겪은 사람들과 동병상련(同病相憐)을 느꼈다.

다다익선

본문 66쪽

많다	다 (多)
많다	다 (多)
더하다	익 (益)
좋다	선 (善)

많으면 많을수록 더욱 좋다는 뜻의 한자 성어입니다. 중국 한나라의 왕이 신하들에게 자신이 어느 정도의 병사를 거느릴 수 있겠느냐고 묻자 한신이라는 신하가 왕은 십 만 명 정도의 병사를 거느릴 수 있다고 대답했습니다. 이에 왕이 한신에게 병사를 얼마나 지휘할 수 있는지 묻자 한신은 '다다익선'이라며 자신은 병사의 수가 많을수록 잘 지휘할 수 있다고 대답했다고 합니다.

예 형은 다다익선(多多益善)이라며 식탁 위에 있는 모든 간식을 가져갔다.

어부지리

본문 74쪽

고기 잡다	어 (漁)
아버지	부 (父)
～의	지 (之)
이롭다	리 (利)

새가 조개의 속살을 먹으려고 부리를 조개 안에 넣는 순간 조개가 껍데기를 꼭 닫았습니다. 둘이 서로 먼저 놓으라고 하며 버티고 있는 도중에 우연히 지나가던 어부가 새와 조개 모두를 잡은 데서 유래한 한자 성어입니다. 즉 두 사람이 서로 경쟁하거나 싸우는 사이에 예상치 못한 사람이 이익을 얻는 경우를 가리키는 말입니다.

예 두 친구가 경쟁하면서 어부지리(漁父之利)로 내가 우승했다.

소탐대실

본문 82쪽

적다	소 (小)
바라다	탐 (貪)
크다	대 (大)
잃다	실 (失)

중국 진나라 왕이 촉나라를 공격하기 위해 계획을 세웠습니다. 진나라 왕은 촉나라 왕이 욕심이 많은 것을 알고 보물을 보낸다고 소문을 퍼트렸습니다. 촉나라 왕은 보물을 갖기 위해 진나라의 보물과 병사들을 맞이했습니다. 진나라의 병사들은 촉나라에 들어서자마자 촉나라를 공격하여 망하게 하였습니다. 이 한자 성어는 보물을 얻으려다 나라를 잃은 촉나라처럼 작은 것을 탐하다가 큰 것을 잃는 경우를 나타냅니다.

예 소탐대실(小貪大失)이라고 떨어진 사탕을 주우려다 손에 든 과자를 다 쏟았다.

memo

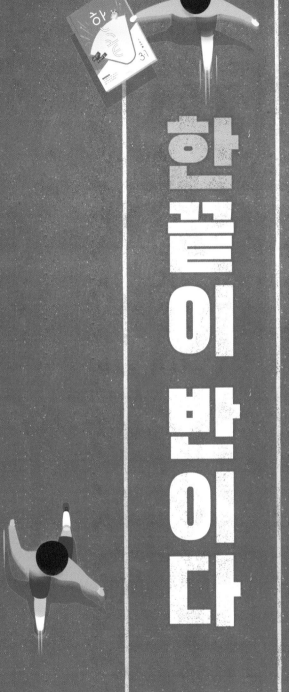

시작부터 남다른 **한끝**

한끝이 반이다

교과서 학습부터 평가 대비까지 한 권으로 끝!

3100만 권 돌파

- 깔끔한 개념 정리로 교과서 **핵심 내용**이 머릿속에 쏙쏙
- 알기 쉽게 풀어 쓴 용어 설명으로 **국어·사회 공부**의 어려움을 해결
- 풍부한 사진, 도표, 그림 자료로 **어려운 내용**도 한번에 이해
- 다양하고 풍부한 유형 문제와 서술형·논술형 문제로 **학교 시험**도 완벽 대비

초등 국어 1~6학년 / 사회 3~6학년

완자·공부력·시리즈 매일 4쪽으로 스스로 공부하는 힘을 기릅니다.

대표전화 1544-0554
주소 서울특별시 구로구 디지털로33길 48 대륭포스트타워 7차 20층
협의 없는 무단 복제는 법으로 금지되어 있습니다.